2025年度試験完全対応

教員採用試験
速攻の教育時事

資格試験研究会 編
実務教育出版

筆記でも面接でも使えるっ！
一石二鳥の時事対策テキスト

今年はココが狙われる!

出題予想テーマ BEST10

　教育界は目まぐるしく動いている。本書では71の
テーマを紹介しているが，最も重要で今年の試験での出題が予想される「BEST10」を掲げる。令和の学校教育の構想，生徒指導提要の改訂，生成AI，こども未来戦略，わいせつ教員対策法……。新聞で大々的に報じられたものばかりだ。

　概要を押さえ，該当のページに飛んで詳細を頭に入れよう。まずは，これらの最重要テーマを学習することからだ。ただ読んで終わりではなく，自分の考えも持つようにすること。

出題予想テーマ BEST10

　今年の試験で出題されると思われる，時事トピックの**ベストテン**を掲げよう。詳細は，カッコ内のページを参照。

第1位　令和の日本型学校教育 (14, 16ページ)

個別最適な学びが重視される!

　2021年1月，中央教育審議会は「令和の日本型学校教育の構築を目指して」と題する答申を出した。令和の学校教育の姿を構想した内容で，多くの自治体で出題されている。

　これまでの日本の学校では，集団での学びが幅を利かせてきたが，今後は**「個」の学び**も重視される。ICTを使った個別学習などで，学習履歴（スタディ・ログ）も活用する。児童生徒の背景の多様化（発達障害児，外国籍の子の増加）で，集団での一律ペースの学習が容易でなくなっているという事情もある。「個」の学びができるようにしておくことは，災害に被災した子どもの学習権を保障する上でも重要である。

　個別最適な学びを実現する上では，**修得主義**を導入することも必要になる。進級や卒業を認定するに際して，課程の内容の修得状況を考慮する方式だ。これによると，原級留置（落第）や飛び級も頻繁に起きる。教科の履修をもって機械的に進級させる履修主義だけでは，就学の形骸化の問題が生じる。落第や飛び級をいきなり導入することには混乱が伴うが，児童生徒の学習進度に応じて指導方法や教材を工夫することは不可欠である。

第2位　生徒指導提要の改訂 (58, 60ページ)

生徒指導には3つのタイプがある

　生徒指導は，問題行動を起こした児童生徒だけを対象とするのではない。全ての児童生徒を対象とした「支援」の営みである。日頃から全ての子供に**発達支持的**な指導を実施し，問題が深まった児童生徒には**困難課題対応的**な指導を行う。この2つの間に**課題予防的**な指導が位置する。このほど改訂された『生徒指導提要』では，このような重層的な概念規定がされているのがポイントだ。

　以上は基礎論（総論）だが，各論として①児童生徒の権利の尊重，②校則の適切な運営・見直し，③不適切指導の禁止，という3点を押さえよう。子供の意見表明権の観点から，校則の見直しに児童生徒を積極的に参加させるのもいい。「変えた!」という体験，「変えられる!」という自信を持たせることは，未来の民主国家を担う主権者の育成にもつながる。③については，体罰でなくとも過度な叱責を繰り返すなどの「**不適切な指導**」は慎むべきとされている。これが原因で，子供が不登校になったり自殺に至ったりする事件も起きている。

第3位　生成AIの活用 (28ページ)

　問いかけに答えてくれ，文章も自動で作成してくれる。**生成
AI**の利用が広がって久しい。学校でも使うことになるが，安易に答えを得るために用いるなどは，子どもの思考力や独創性の育ちを阻害する。あくまで学習を補う，ないしは効率を高めるためのツールとして使うべきである。当局のガイドラインで示されている，不適切（適切）な活用の仕方の例を知っておこう。

　言うまでもないが，生成AIは過去のデータを学習させただけのもので，出てくるアウトプットには間違い（文脈違い）があるのもしばしばだ。生成AIの限界に気付かせることは，**人間にしかなしえないこと**，今後の「Society 5.0」の時代において学ぶべきことは何かを，生徒に自覚させることにもつながる。はじき出されたアウトプットを，批判的に吟味・検討する学習活動もよい。

第4位　教育振興基本計画 (18ページ)

　教育基本法第17条の規定により，国は定期的に教育振興基本計画を定めることになっている。このほど，2023年度から施行されている第4期計画が策定された。「持続可能な社会の創り手の育成」と「**ウェルビーイングの向上**」という2つのコンセプトを掲げ，それに基づく5つの基本方針を示している。この骨格を押さえよう。

　方針の中身をみると，「主体的・対話的で深い学び」「STEAM教育」「個別最適・協働的学び」「インクルーシブ教育システム」「**教育デジタルトランスフォーメーション(DX)**」といった言葉が盛られている。重要なキーワードで，空欄補充の問題の出題が予想される。なお教育振興基本計画は，各自治体レベルでも策定される。受験する自治体のものは，概要だけでも見ておこう。

第5位　こども未来戦略 (110ページ)

　こども家庭庁の施策の方針は，**こども未来戦略**に示されている。子育て世帯の負担軽減を意図したものが多く，多子世帯の子の大学学費は無償になり，保護者の就労の有無に関係なく，どの子も保育園等に通えることになる。また国民から医療保険の保険料と一緒に，子育て支援金を徴収することも検討されている。いろいろ批判はあるが，**子どもは社会全体で育てる**，という気概は見て取れる。

　なお，少子化対策という点では，結婚・出産に至った夫婦だけでなく，若者全体を支援の射程に入れないといけない。今の若者とっては，結婚・出産は「高嶺の花」となりつつある。この点も考慮され，「若い世代の所得を増やす」という理念が示されている。

第6位 教育の情報化 <small>(96, 98ページ)</small>

児童生徒
1人1台端末！

　情報化が進んだ社会では，教育も情報化しないといけない。
教育の情報化を構成する3本の柱を押さえよう。日本は教育でのICT利用が著しく遅れ
ているが，ようやく「1人1台端末」の**GIGAスクール構想**が実現された，校務もICT化
され，庶務連絡や課題提出のやり取りもネット経由になるだろう。紙を大量に刷って配
る時代との決別だ。

第7位 教員の資質能力向上 <small>(26ページ)</small>

教員の学ぶ
姿とは？

　不評であった教員免許更新制が廃止され，個々の教員の資質
向上に向けて，市町村の教育員会が指導助言を行うことになった。その際に必要となる
指標の作成指針はどのようなものか。また2022年の中央教育審議会答申では，**新たな
教員の学びの姿**について言及されている。教員は子どもの学びの伴走者であると同時
に，自身も絶えず主体的に学び続けないといけない。

第8位 教員の働き方改革 <small>(30ページ)</small>

残業は
月45時間まで！

　日本の教員の勤務時間は長いが，仕事の半分以上は授業以外
の雑務だ。あたかも「何でも屋」のように扱われている教員だが，学校が担うべき業務
が明確化され，**時間外の在校時間に上限**が定められることになった（1か月で45時間，
1年間で360時間）。「月給4%の上乗せで使い放題」の，悪名高き教職員給与法（給特
法）の改正についても議論されている。

第9位 わいせつ教員対策法 <small>(24ページ)</small>

わいせつ教員の
復帰を
厳しくする！

　これまでは，わいせつ行為で教員免許状が失効しても，3年経
てば免許状を再取得して教壇に立つことも可能であったが，再取得の可否を都道府県教
育委員会が判断できることになった。更生が不十分と判断されれば，**免許状の再授与を
拒否**することもできる。性犯罪を常習的に繰り返す者もいる。子供を守る上でも，こう
いう強硬策はやむを得ない。

第10位 不登校 <small>(68ページ)</small>

不登校児
30万人の時代！

　2022年度の小・中学校の不登校児は30万人近くにも達してい
る。昔は学校に来させることだけが念頭に置かれていたが，現在の支援が目指すのは当
人の**社会的自立**だ。そのための手段は多様で，校内での支援スペースや，校外のフリー
スクール等も活用されることになる。

はじめに

　教育時事は，筆記試験の教職教養で出題される。その比重は自治体によって異なるが，受験者が多い自治体の時事問題比率を出すと，下表のようになる。

2024年度・教職教養試験における時事問題の比重

	問題数	うち教育時事*	比率（%）
北海道	10	6	60.0%
埼玉県	18	10	55.6%
千葉県	19	13	68.4%
東京都	29	12	41.4%
神奈川県	15	2	13.3%
愛知県	14	5	35.7%
大阪府	15	9	60.0%
兵庫県	7	5	71.4%
福岡県	24	13	54.2%
沖縄県	23	10	43.5%

＊各自治体レベルの政策文書や条例などの問題も含む。

　どの自治体でも教育時事の問題は結構なウェイトを占めている。北海道，埼玉，千葉，大阪，兵庫，福岡では半分を超える。これらの自治体の受験生は，教育時事の対策にも力点を置く必要がある。

　教育時事の知識は，面接や集団討論などの場でも必要になる。たとえば，いじめへの対処の在り方について議論する際は，「いじめ防止対策推進法」や「いじめの防止等のための基本的な方針」といった既存の政策の内容を確認し，その上に，自分たち独自の新たな見解を付加する手順を踏まないといけない。そうした共通の土台がなく，各々が好き勝手な意見を言うだけでは，建設的な議論とはならない。猛者が集う討論についていくためにも，最新の教育事情を知っておく必要がある。

　個人面接にしても，教育政策を何も知らないでいて，自分の独断や偏見を演説するだけの「モグリ」は，面接官にすれば甚だ印象がよくない。相手と話がかみ合わず，コミュニケーションが成立しない。**教育時事の知識は，面接や討論に必要な共通の言語といってもいい。**

　本書をしっかり読んで，教育の「今」を知り，タイムリーな諸問題について自分なりの意見が言えるようになってほしい。それがあるかないかで，あなたに対する面接官の印象も変わってくるはずだ。

資格試験研究会

教育時事について

　そもそも教育時事とは何か，どういうことが問われるか。本書を使ってどう学習するか。簡単に説明しよう。

▶教育時事とは

　時事とは，世の中の出来事である。よって教育時事とは，教育界の出来事ということになる。**試験で問われるのは国の教育政策**だ。具体的には，形となって出された政策文書➡が出題される。それは，以下の5種類に分かれる。

　①**答申**：教育政策の諮問機関である中央教育審議会の答申が頻出。最近のものでは，新学習指導要領の答申（2016年），令和の教員の学びに関する答申（2022年）などが重要だ。前者では，学習指導要領改訂のポイントが示されている。2021年に出た令和の学校教育の答申も，多くの自治体で出題されている。学びの2本の柱を押さえておこう。

　②**通知**：文部科学省が学校現場に出す通知・通達である。何か事があるたびに頻繁に出されるので，同省ホームページの「告示・通達」の個所をこまめにチェックしよう。最近の試験でよく出るのは，不登校児への支援や学習評価の在り方に関する通知である（いずれも2019年）。2020年には，教員の勤務時間の上限を定めた告示も出ている。

　③**資料**：教育計画や実践の手引きの類である。前者の代表格は，国の教育振興基本計画だ（2023年度より第4期計画が実施されている）。これは各自治体レベルでも策定されるので，受験する自治体のものは見ておく必要がある。2011年の東日本大震災を受け，「学校安全の推進に関する計画」が策定され，「教育の情報化に関する手引き」も出ている（この資料は頻出）。2022年に全面改訂された『生徒指導提要』も必出とみていい。

　④**法律（法改正）**：絶えず新たな法律ができ，法改正がなされている。2013年6月に制定された「いじめ防止対策推進法」は，出題頻度が非常に高い。2021年制定の「わいせつ教員対策法」も落とせない。最近の重要な法改正は，児童虐待防止法改正（親の体罰禁止），民法改正（成年年齢引き下げ），標準法改正（35人学級），刑法改正（撮影罪の新設）などである。こうした新法制定・法改正の動向もフォローしないといけない。

　⑤**調査・統計**：児童・生徒の実態を把握するため，当局はさまざまな調査を実施している。毎年行われる「全国学力・学習状況調査」は，その代表格だ。最新の結果の概要を押さえておこう。他にも健康状態や問題行動等の調査がなされているが，広範囲の調査データを俯瞰する資料として，内閣府の『子供・若者白書』が便利だ。最新の2023年版の概要をみておくとよい。

▶本書の使い方

　本書は7章・71テーマの構成で，各テーマは見やすい見開きにしている。一通り読みとおすことで，教育の「今」を把握できるようになっている。1日2テーマずつ読めば，1か月とちょっとで終わる。「速攻」の看板も偽りなしだ。

●まずは肩の力を抜いて

　本書は，机に向かって座り，線を引いて精読してもらうような本ではない。それに越したことはないが，まずは肩の力を抜いて，移動時間や空き時間などを使って気軽に読み通してほしい。これなら，1日2テーマくらいは読めるだろう。だが，**飛ばし読みはいけない。重要なエッセンスを落としてしまう恐れがある**。面倒がらず，一字一句に目通しすること。

　読む順番だが，「幹から枝へ」という流れを通してあるので，できれば最初から読み進めるのがよいと思う。そのほうが，内容も頭に入りやすいだろう。しかし，テーマごとに内容が完結しているので，そうした正攻法に必ずしもこだわる必要はない。自分が興味のあるテーマから入ってもいいし，重要度が高い「★★★」のテーマから読み始めてもいい🔁。それは諸君の自由である。

　各テーマの学習の仕方だが，**まずは「ここに注目」の4行を読んでほしい。**当該テーマで紹介する政策文書の内容から，どういう点を汲み取るべきか，どういうことを押さえるべきかが書いてある（これを頭に入れないで本文を読んでも，「？？」となるだけである）。その上で，**「時事の基礎知識」**の内容に入ろう。関連する政策文書のエッセンスを紹介している。繰り返すが，飛ばし読みはいけない。ゴシックの重要語句に注意しながら，全文をきちんと読むこと。脇の注意書きやキーワードの解説にも目を通し，豆知識も得てほしい。

●自分の考えを持とう

　これで基礎知識が得られるわけだが，それだけでは足りない。「学んで思わざれば則ち罔し，思うて学ばざれば則ち殆し」という，孔子の格言はご存じだろう。教育論議では後者の愚が多いが，前者の愚に陥っている人もいる。知識を吸収してばかりいて自分で考えず，自身の明確な意見を持っていない人だ。これは，面接や集団討議ではマイナスポイントになる。そこで**「論点はどこ？」**という個所にて，当該テーマの内容に関連してどういう点が議論の焦点になっているか，どのような意見（批判）が出されているかを書いている。これが正しいというのではない。筆者の独断も混じっている。諸君の考えとの比較，あるいは意見形成の材料として使っていただければと思う。

　最後に，簡単な予想問題を掲げている。読み終えたテーマの内容が頭に入っているかを確認する意味合いで，やってみてほしい。

🔁 本書で紹介している重要文書の一覧表は，10・11ページに掲載している。
🔁 ★★★は必ず押さえるべきテーマ，★★☆は押さえるべきテーマ，★☆☆は知っておきたいテーマである。学習の便を考慮し，各テーマをこのようにランクづけしている。

2025年度試験完全対応
教員採用試験　速攻の教育時事　目次

⚠ 今年はココが狙われる! 出題予想テーマBEST10

第1章　教育政策

第2章　学校

第3章　子供

第4章　学習

 第5章　家庭

 第6章　地域

 第7章　文化・社会

教育関連重要政府文書一覧

年	カテゴリー	名称	ページ
2011	中教審答申	今後の学校におけるキャリア教育・職業教育の在り方について	102
2013	新法	いじめ防止対策推進法	64
	文科省	体罰の禁止及び児童生徒理解に基づく指導の徹底について	76
	新法	子供の貧困対策の推進に関する法律	118
2015	文科省	高等学校等における政治的教養の教育と高等学校等の生徒による政治的活動等について	94
	文科省	学校給食における食物アレルギー対応指針	101
2016	新法	義務教育の段階における普通教育に相当する教育の機会の確保等に関する法律	42
	法改正	発達障害者支援法	48
	中教審答申	幼稚園、小学校、中学校、高等学校及び特別支援学校の学習指導要領等の改善及び必要な方策等について	82
2017	文科省	いじめの防止等のための基本的な方針	66
2018	文科省	教育と福祉の一層の連携等の推進について	122
	文科省	遠隔教育の推進に向けた施策方針	132
	法改正	民法	156
	文科省	Society5.0 に向けた人材育成	164
2019	中教審答申	新しい時代の教育に向けた持続可能な学校指導・運営体制の構築のための学校における働き方改革に関する総合的な方策について	30
	文科省	不登校児童生徒への支援の在り方について	68
	文科省	小学校、中学校、高等学校及び特別支援学校等における児童生徒の学習評価及び指導要録の改善等について	86
	文科省	教育の情報化に関する手引き	96
2020	文科省	公立学校の教育職員の業務量の適切な管理その他教育職員の服務を監督する教育委員会が教育職員の健康及び福祉の確保を図るために講ずべき措置に関する指針	30
	文科省	学校における携帯電話の取扱い等について	78
	文科省	外国人児童生徒の教育の充実について	144
	内閣府	第5次・男女共同参画基本計画	150
2021	中教審答申	「令和の日本型学校教育」の構築を目指して	14
	新法	教育職員等による児童生徒性暴力等の防止等に関する法律	24

2021	文科省	新しい時代の特別支援教育の在り方に関する有識者会議報告	45
	新法	医療的ケア児及びその家族に対する支援に関する法律	46
	文科省	校則の見直し等に関する取組事例について	74
	文科省	学習者用デジタル教科書の効果的な活用の在り方等に関するガイドライン	90
	文科省	義務教育9年間を見通した教科担任制の在り方について	92
	文科省	今後の主権者教育の推進に向けて	95
	文科省	ヤングケアラーの支援に向けた福祉・介護・医療・教育の連携プロジェクトチーム報告	124
	文科省	人権教育の指導方法等の在り方について[第三次とりまとめ]補足資料	130
	文科省	ESD推進の手引	142
2022	中教審答申	「令和の日本型学校教育」を担う教師の養成・採用・研修等の在り方について	26
	文科省	公立の小学校等の校長及び教員としての資質の向上に関する指標の策定に関する指針	26
	スポーツ庁・文化庁	学校部活動及び新たな地域クラブ活動の在り方等に関する総合的なガイドライン	32
	文科省	生徒指導提要	58
	新法	こども基本法	108
	文科省	企業等と連携した子供のリアルな体験活動の推進について	134
	文科省	第3次学校安全の推進に関する計画	136
2023	文科省	第4期教育振興基本計画	18
	文科省	初等中等教育段階における生成AIの利用に関する暫定的なガイドライン	28
	文科省	いじめ問題への的確な対応に向けた警察との連携等の徹底について	66
	文科省	誰一人取り残されない学びの保障に向けた不登校対策「COCOLO」プラン	69
	文科省	児童生徒の自殺予防に係る取組について	72
	中教審	学びや生活の基盤をつくる幼児教育と小学校教育の接続について	88
	こども家庭庁	こども未来戦略	110
	厚労省	第6次薬物乱用防止5か年戦略	138
	文科省	夜間中学の設置・充実に向けて	146
	法改正	刑法	152
	文科省	教育データの利活用に関する有識者会議論点整理	162

どの学習指導要領で育ったか

　学習指導要領は10年おきに改訂されてきている。各年の学習指導要領の実施時期で，時代を塗り分けると以下のようになる。斜線は，目ぼしい世代の軌跡である。2025年春に大学を卒業する読者諸君の多くは2002年生まれだが，ご覧のように，1998年と2008年版学習指導要領で教えられた世代だ。

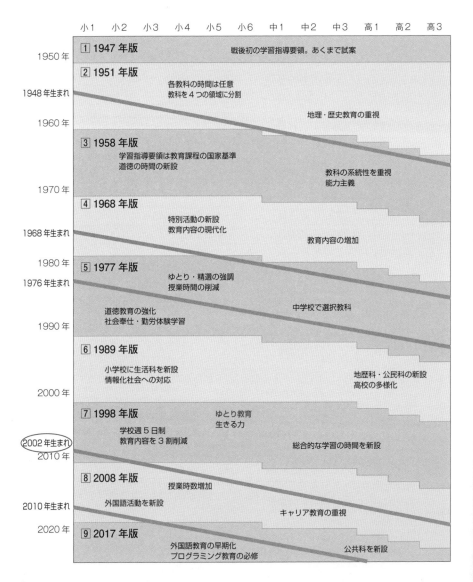

第**1**章

教育政策

令和の日本型学校教育①

>
>
> 令和時代の子供の学びは，個別最適な学びと，協働的な学びの2本柱からなる。両者の区別をつけよう。Society 5.0といった用語も要注意である。教育の方針は，こうした社会状況に対応している。

時事の基礎知識

　2021年1月に，中央教育審議会は「**令和の日本型学校教育の構築を目指して**」と題する答申を出した➡。実現すべき子供の学びについて，2本の柱で整理している。

□**個別最適な学び**……まずは学習の個別化である。

○全ての子供に基礎的・基本的な知識・技能を確実に習得させ，**思考力・判断力・表現力等**や，自ら学習を調整しながら粘り強く学習に取り組む態度等を育成するためには，教師が支援の必要な子供により重点的な指導を行うことなどで効果的な指導を実現することや，子供一人一人の特性や学習進度，学習到達度等に応じ，指導方法・教材や学習時間等の柔軟な提供・設定を行うことなどの「**指導の個別化**」が必要である➡。

○基礎的・基本的な知識・技能等や，言語能力，情報活用能力，問題発見・解決能力等の学習の基盤となる資質・能力等を土台として，幼児期からの様々な場を通じての体験活動から得た子供の興味・関心・キャリア形成の方向性等に応じ，探究において課題の設定，情報の収集，整理・分析，まとめ・表現を行う等，教師が子供一人一人に応じた学習活動や学習課題に取り組む機会を提供することで，子供自身が学習が最適となるよう調整する「**学習の個性化**」も必要である。

○以上の「指導の個別化」と「学習の個性化」を教師視点から整理した概念が「**個に応じた指導**」であり，この「個に応じた指導」を学習者視点から整理した概念が「**個別最適な学び**」である。

➡「令和の日本型学校教育の構築を目指して〜全ての子供たちの可能性を引き出す，個別最適な学びと，協働的な学びの実現〜」と題する答申である。

➡感染症防止の観点から，自宅での個別学習をすることも多くなっている。

□**協働的な学び**……従来型の集団学習もないがしろにされてはならない**❸**。

○「協働的な学び」においては，集団の中で個が埋没してしまうことがないよう，「**主体的・対話的で深い学び**」の実現に向けた授業改善につなげ，子供一人一人のよい点や可能性を生かすことで，異なる考え方が組み合わさり，よりよい学びを生み出していくようにすることが大切である。

□**2つの学びの一体的な充実**……各学校においては，教科等の特質に応じ，地域・学校や児童生徒の実情を踏まえながら，授業の中で「個別最適な学び」の成果を「協働的な学び」に生かし，更にその成果を「個別最適な学び」に還元するなど，「**個別最適な学び**」と「**協働的な学び**」を一体的に充実し，「**主体的・対話的で深い学び**」の実現に向けた授業改善につなげていくことが必要である。

❸ AIが台頭するSociety 5.0の時代こそ，リアルな体験による学びが重要となる。

✏ Society 5.0

サイバー空間（仮想空間）とフィジカル空間（現実空間）を高度に融合させたシステムにより，経済発展と社会的課題の解決を両立する，人間中心の社会のこと（内閣府）。

狩猟社会（1.0），農耕社会（2.0），工業社会（3.0），情報社会（4.0）に続く，新たな社会をさす。

論点はどこ？

令和の時代の学校教育では，①**個別最適な学び**と，②**協働的な学び**の実現が求められる。外国人の子や発達障害児の増加など，児童生徒の背景が多様化していること，また感染症拡大防止の観点から，前者の重要性が増している。ICT機器も活用し，指導の個別化，学習の個性化を図る必要がある。

とはいえ，従来型のリアルな触れ合いでの協働学習も軽んじられてはならない。知・徳・体は，人との関係や実際の体験の中で育まれる。上記の①と②は車の両輪のようなものだ。

予想問題

以下は，2021年1月の中央教育審議会答申「令和の日本型学校教育の構築を目指して」からの抜粋である。空欄に適語を入れよ。

「指導の個別化」と「学習の個性化」を教師視点から整理した概念が「（　①　）に応じた指導」であり，この「（　①　）に応じた指導」を学習者視点から整理した概念が「（　②　）な学び」である。

正答は34ページ

令和の日本型学校教育②

ここに注目 令和の学校教育構築に向けた6つの方向性を押さえよう。重要なのは③で，学校での活用が必須となるICTの意義や活用に関する考え方について深く問われる。1人1台端末のGIGAスクール構想とも関わる。

 時事の基礎知識

前テーマと同じ答申では，令和の日本型学校教育の構築に向けた方向性が示されている。

□**今後の方向性**……6つが示されている。ICTを活用し，修得主義の導入も考える。

○全ての子供たちの知・徳・体を一体的に育むため，これまで日本型学校教育が果たしてきた，①**学習機会と学力の保障**，②社会の形成者としての全人的な発達・成長の保障，③安全・安心な居場所・セーフティネットとしての身体的，精神的な健康の保障，という3つの保障を学校教育の本質的な役割として重視，これを継承していくことが必要である。

○その上で，「全ての子供たちの可能性を引き出す，**個別最適な学びと，協働的な学び**」を実現するためには，今後，以下の方向性で改革を進める必要がある。

---

①学校教育の質と多様性，包摂性を高め，教育の**機会均等**を実現。
②連携・分担による学校マネジメントを実現。
③これまでの実践と**ICT**との最適な組み合わせを実現。
④**履修主義・修得主義等を適切に組み合わせる** 。
⑤感染症や災害の発生等を乗り越えて学びを保障。
⑥社会構造の変化の中で，持続的で魅力ある学校教育を実現。

□**ICTの活用**……上記の③についてである。ICTは，教育の質の向上に寄与する。

○ICTの活用により新学習指導要領を着実に実施

 ICT

情報通信技術のこと（Information and Communication Technologyの略）。

1 履修主義は，所定の教育課程を一定年限の間に履修することでもってよしとする。修得主義では，履修した内容に照らして一定の学習の実現状況が期待される。後者では，原級留置（落第）も頻繁に起きる。

し，学校教育の質の向上につなげるためには，カリキュラム・マネジメントを充実させつつ，各教科等において育成を目指す資質・能力等を把握した上で，特に「**主体的・対話的で深い学び**」の実現に向けた授業改善に生かしていくことが重要である。

○その際，1人1台の端末環境▶を生かし，端末を日常的に活用することで，ICTの活用が特別なことではなく「**当たり前**」のこととなるようにするとともに，ICTにより現実の社会で行われているような方法で児童生徒も学ぶなど，学校教育を**現代化**することが必要である。

○児童生徒自身がICTを「**文房具**」として自由な発想で活用できるよう環境を整え，授業をデザインすることが重要である。

2▶ GIGAスクール構想と関わる。98ページを参照。

論点はどこ？

誰一人取り残さない令和の学校教育では，インクルーシブ理念を徹底させ，外国人や発達障害児など，多様な背景の子供たちの「個別最適」な学びを実現させる。その上で，ICTは大きな効果を発揮する。災害に被災した児童生徒の学習機会を保障するのにも使える。

形式的な履修主義だけでなく，**修得主義**のもと，個々の子供に適した「指導の個別化」や「学習の個性化」も必要となる。義務教育から原級留置や飛び級▶を導入するのは現実的でないが，前学年の内容の反復学習など，やれることは色々ある。感染症拡大防止のためのICT学習が広がっている今，修得主義の比重を増やすよい機会だ。

3▶ 諸外国では，義務教育でも原級留め置きや飛び級は少なくない。

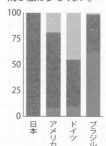

■標準より下　■標準　■標準より上
＊OECD「PISA 2018」による。15歳生徒の在籍学年である。

予想問題

以下のうち，令和の日本型学校教育の構築に向けた方向性でないものはどれか。

ア　学校教育の質と多様性，包摂性を高め，教育の機会均等を実現する。

イ　感染症や災害の発生等を乗り越えて学びを保障する。

ウ　夢と志を持ち，可能性に挑戦するために必要となる力を育成する。

正答は34ページ

★★★

教育振興基本計画

> **ここに注目**
> 新しい教育振興基本計画が策定された。2つのコンセプトを掲げ、それを実現するための5つの基本方針が示されている。「ウェルビーイング」や「デジタルトランスフォーメーション（DX）」という言葉にも注目。

 時事の基礎知識

2023（令和5）年度より、第4期教育振興基本計画が実施されている➡。

□ **2040年以降の社会を見据えた持続可能な社会の創り手の育成**（コンセプト①）

○将来の予測が困難な時代において、未来に向けて自らが社会の創り手となり、課題解決などを通じて、**持続可能な社会**を維持・発展させていく。

○社会課題の解決を、経済成長と結び付けて**イノベーション**につなげる取組や、一人一人の生産性向上等による、活力ある社会の実現に向けて「人への投資」が必要。

○ Society 5.0で活躍する、主体性、リーダーシップ、創造力、課題発見・解決力、論理的思考力、表現力、チームワークなどを備えた人材の育成。

□ **日本社会に根差したウェルビーイングの向上**（コンセプト②）

○多様な個人それぞれが幸せや**生きがい**を感じるとともに、地域や社会が幸せや豊かさを感じられるものとなるための教育の在り方。

○幸福感、学校や地域でのつながり、利他性、協働性、**自己肯定感**、自己実現等が含まれ、協調的幸福と獲得的幸福のバランスを重視。

○日本発の調和と協調（Balance and Harmony）に基づく**ウェルビーイング**を発信。

□ **5つの基本的な方針**……上記のコンセプトを踏まえ、5つの基本方針が示されている。

1）グローバル化する社会の持続的な発展に向けて学

➡「第4期教育振興基本計画」（2023年6月）の概要を参照。

🖉 **ウェルビーイング**

身体的・精神的・社会的に良い状態にあることをいい、短期的な幸福のみならず、生きがいや人生の意義など将来にわたる持続的な幸福を含むもの。社会が持続的に満たされた状態であることも含む。

び続ける人材の育成

　○「主体的・対話的で深い学び」の視点からの授業改善，探究・STEAM教育❷等を推進。

2）誰一人取り残されず，全ての人の可能性を引き出す共生社会の実現に向けた教育の推進。

　○個別最適・協働的学びの一体的充実や**インクルーシブ教育システム**の推進。

　○支援を必要とする子供の**長所・強み**に着目する視点の重視，多様性，公平・公正，包摂性ある**共生社会**の実現に向けた教育を推進。

3）地域や家庭で共に学び支え合う社会の実現に向けた教育の推進。

4）**教育デジタルトランスフォーメーション（DX）**の推進❸。

5）計画の実効性確保のための基盤整備・対話。

❷ STEAM教育の定義については，93ページを参照。

❸ デジタルトランフォーメーションは，デジタル化でサービスや業務，組織を変革することを指し，たとえば教育データに基づく教育内容の重点化と教育リソースの配分の最適化が該当する。

論点はどこ？

　高度化した社会の教育は「行き当たりばったり」ではなく，計画に沿って組織的・体系的に実施されねばならない。国の教育振興基本計画は，地域レベルの計画の上位に位置する。各地域や学校の教育計画を立案する際，絶えず参照すべきものだ。

　2つのコンセプトと5つの基本方針には，「Society 5.0」「ウェルビーイング」「デジタルトランスフォーメーション（DX）」など，現代社会のキーワードが含まれている。学校現場での実践も，常にこういう大きな枠組みを意識する必要がある。

予想問題

以下のうち，第4期教育振興基本計画の基本的な方針に含まれないのはどれか。記号で答えよ。

ア　誰一人取り残されず、全ての人の可能性を引き出す共生社会の実現に向けた教育の推進。

イ　教育デジタルトランスフォーメーション（DX）の推進。

ウ　誰もが社会の担い手となるための学びのセーフティネットを構築。

正答は34ページ

教員の現状

★ ★ ★

ここに注目

数でみて，教員はどれくらいいるか。性別や年齢構成は
どうなっているか。これから入職する職業集団について
知っておくことは重要だ。我が国の教員の勤務実態が，
国際的にみて特異であることも押さえておきたい。

時事の基礎知識

諸君は教員を志しているわけだが，教員の世界がどう
なっているかをデータでみてみよう。

□**教員数**……基本情報として，教員はどれくらいいる
か。2023年度の本務教員数は，以下のようである➡。

	本務教員数	うち女性	女性比
小学校	424,297	265,522	62.6
中学校	247,485	110,280	44.6
高等学校	223,246	74,615	33.4
特別支援学校	87,869	55,160	62.8

○小学校は**42万人**，中学校は25万人，高等学校は22
万人，特別支援学校は9万人ほど。中学・高校の女
性比率は低い。

○**高齢化**も進行。50歳以上の割合は公立小学校で
31.3％，中学校で34.0％，高等学校では43.9％にも
なる➡。

□**教員採用**……気になる試験の競争率。受験者は倍率が
低いことを願い，採用側はその逆を望んでいる。以下
は，2022年度試験の競争率である➡。

	受験者数	採用者数	競争率
小学校	40,635	16,167	2.5
中学校	42,587	9,152	4.7
高等学校	23,991	4,494	5.3
特別支援学校	8,529	3,064	2.8

○小学校と特別支援学校は**3倍**，中高は5倍ほど。大
量退職・大量採用の状況により，競争率は以前に比
して下がってきている。

□**教員の勤務実態**……日本人の長時間労働はよく知られ

➡1 文部科学省『学校基本調査報告』（2023年度）による。

➡2 文部科学省「学校教員統計調査」（2022年度）による。

➡3 文部科学省「2022年度（2021年度実施）公立学校教員採用選考試験の実施状況について」による。

ているが，教員もそうである。次の図は中学校教員の勤務時間の国際比較だが，日本の教員の週間勤務時間は約56時間で，**世界で最も長い❹**。

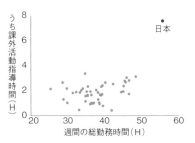

課外活動（**部活**）の指導時間が長いことも，日本の特徴❺。左下にはヨーロッパ諸国がきており，この種の活動は地域のスポーツクラブ等に委ねられている。

❹ OECD「国際教員指導環境調査（TALIS）」（2018年）のデータによる。

❺ 部活は課外活動の位置付けであり，教員免許を持つ教員が指導に当たる必要はない。しかし日本では教員がそれを担っており，過重労働の原因となっている。
　そこで部活指導を担う部活動指導員が導入され，また部活動を地域に移管する動きも出ている（32ページ）。

論点はどこ？

日本の教員集団の特徴は，中等教育（中高）段階における女性比率が低いことだ。中高の女性の理科教員が増えることで，女子生徒の理系職志望率が高まることも期待できる。教員の性別構成のバランスは重要であろう。

大量退職，大量採用の時代の到来により，教員採用試験の競争率は下がってきている。現行の採用試験は，こうした人口変動のような外的要因によって，その性質を大きく変えられてしまう弱さを持つ。それをフォローする，採用後の研修の在り方などを考えるべきである。

予想問題

最近の教員の現状に関する以下の文章のうち，誤っているのはどれか。記号で答えよ。

ア　本務教員の女性比率は，小学校で6割，中学校で4割，高等学校で3割ほどである。

イ　近年，教員採用試験は難関化しており，2023年度の小学校教員採用試験の競争率は10倍を超えた。

ウ　2018年の国際比較調査によると，日本の中学校教員の勤務時間は世界で最も長い。

正答は34ページ

教員の問題

ここに注目

精神を患う教員，体罰やわいせつ行為をする教員……。こういうダークな部分の実態も知っておく必要がある。それと教育公務員とて，身分が安泰なのではない。指導が不適切な教員は，場合によっては罷免の対象になり得る。

時事の基礎知識

教員にまつわる諸問題の統計をみておこう**🟥**。

□**精神疾患休職者**……2022年度の公立学校教員**🟩**の精神疾患休職者は6,539人。全教員の0.71％に相当。以前に比べて増加している。

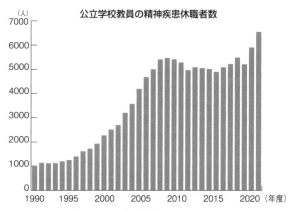

公立学校教員の精神疾患休職者数

全教員に占める精神疾患休職者の割合は**特別支援学校**で最も高く，年齢別では**40代**の中堅教員で高い。

□**懲戒処分**……2022年度に懲戒処分等を受けた公立学校教員は**4,572人**。事由で多いのは，交通事故（2,327人），不適切指導（418人），**体罰**（397人），**性犯罪・性暴力**（242人）。

□**指導が不適切な教員**……2022年度において，指導が不適切と認定されている公立学校教員は**43人🟦**。全教員の0.006％に相当。年齢別では30代で高い。

□**教員不足**……近年，教員不足が深刻化している。特に産休・育休代替教員の不足が著しい。休業する教員の

🟥 文部科学省「公立学校教職員の人事行政状況調査」（2022年度）を参照。

🟩 小学校，中学校，義務教育学校，高等学校，特別支援学校，中等教育学校の本務教員である。以下，同じ。

🟦 指導が不適切と認定された教員は，指導改善研修の対象となる（教育公務員特例法第25条の2）。この研修を経ても改善がない場合，免職等の措置が講じられる。

增加に加え，採用試験の難易度低下により，講師登録者が減っていることによる。教員志望者を増やすため，以下の策が検討されている。

ア）教員になったら，奨学金の返済を減免する。

イ）2年間で教員免許状を取得できる教職課程を，4年制大学にも新設する。

ウ）教員採用試験の実施を早期化し，筆記試験を学部3年時から受験可能にする。

教員免許状を持っていない人でも，**特別免許状や臨時免許状**🔁を付与することで，教壇に立ってもらうことはできる。こういう制度を活用し，リクルートの裾野を広げるのもいい。

🔁 特別免許状と臨時免許状は，教員職員検定に合格することで授与される。授与された都道府県内で有効で，臨時免許状は3年間の有効期限がある。

論点はどこ？

教員は子供を教え導く存在であるが，中には悪いことをする輩もいる。昔に比べて実数が増えているのではなく，体罰やわいせつ行為に対する目線が厳しくなり，発覚しやすくなっていることが大きい。

問題への対処として，教員研修の強化がよくいわれる。規範意識の醸成として効果はあろうが，そればかりでは足りない。過労やストレスにさいなまれた教員は，些細なきっかけで非行へと傾きやすくなる。教員の生活態度の不安定化を防ぐこと，教員の**勤務条件の改善**も併行してなされるべきである。こうした根本療法なしに，教員志望者の増加もありえない。

予想問題

公立学校教員の人事や処分に関する以下の記述のうち，正しいものはどれか。記号で答えよ。

ア 2022年度のデータにて，精神疾患休職者が全教員に占める割合をみると，小学校で最も高い。

イ 2022年度のデータでみると，公立学校教員の懲戒処分等の事由で最も多いのは，性犯罪・性暴力である。

ウ 公立学校の教員は，指導が不適切と認定された場合，指導改善研修の対象となる。

正答は34ページ

★★★ わいせつ教員対策法

ここに注目

教員による児童生徒へのわいせつ行為が問題になっている。このほど法律が成立し，毅然とした対応がとられることになった。ポイントは，わいせつ教員が容易に再び教壇に立てなくすることだ。

🧑 時事の基礎知識

2021年6月に，「教育職員等による児童生徒性暴力等の防止等に関する法律」が成立した▶。

□**目的**……この法律は，教育職員等による児童生徒性暴力等が児童生徒等▶の権利を著しく侵害し，児童生徒等に対し生涯にわたって回復し難い**心理的外傷**その他の心身に対する重大な影響を与えるものであることに鑑み，児童生徒等の尊厳を保持するため，**児童生徒性暴力等の禁止**について定めるとともに，教育職員等による児童生徒性暴力等の防止等に関し，**基本理念**を定め，国等の責務を明らかにし，**基本指針**の策定，教育職員等による児童生徒性暴力等の防止に関する措置並びに教育職員等による児童生徒性暴力等の早期発見及び児童生徒性暴力等への対処に関する措置等について定め，あわせて，特定免許状失効者等に対する**教育職員免許法の特例等**について定めることにより，教育職員等による児童生徒性暴力等の防止等に関する施策を推進し，もって児童生徒等の**権利利益**の擁護に資することを目的とする。（第1条）

□**基本理念**……教育職員等による児童生徒性暴力等の防止等に関する施策は，教育職員等による児童生徒性暴力等が全ての児童生徒等の**心身の健全な発達に関係する重大な問題**であるという基本的認識の下に行われなければならない。（第4条第1項）

□**教育職員等の責務**……教育職員等は，基本理念にのっとり，児童生徒性暴力等を行うことがないよう教育職員等としての**倫理の保持**を図るとともに，その勤務する学校に在籍する児童生徒等が教育職員等による児童

▶ 本テーマの記述は，文部科学省「教育職員等による児童生徒性暴力等の防止等に関する法律（概要）」に依拠している。

▶ 児童生徒等とは，学校に在籍する幼児・児童又は生徒，18歳未満の者をいう。

生徒性暴力等を受けたと**思われる**ときは，適切かつ迅速にこれに対処する責務を有する。（第10条）

□**その他の重要規定**……わいせつ行為を行った教員の復帰を厳しくする。

○国は，特定免許状執行者❸等の情報に係る**データベース**を整備する。（第15条第1項）

○わいせつ行為で免許状が失効した者については，その後の事情から**適当である場合に限り**，再び免許状を授与できるる❹。（第22条）

□**日本版DBS**……学校や児童福祉施設等で，教育・保育に従事する者について，**性犯罪歴の有無**の確認を義務付ける制度が検討されている。

○義務付けの対象となるのは，**学校**，認定こども園，保育所，児童養護施設，障害児入所施設等の児童福祉施設を設置する者等。

❸ 特定免許状失効者とは，わいせつ行為で教員免許状が失効した者である。

❹ 教育職員免許法の欠格期間（3年間）経過後，都道府県の教育委員会は厳しいルールに基づき再免許授与の可否を判断する。

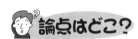

論点はどこ?

教員が児童生徒への性暴力に傾く条件として，①接触性（児童生徒と常に接する），②密室性（教室は密室），③権威性（児童生徒に優越），④合理化性（これも指導のうち，スキンシップなどと解釈），といったものがある。まずは，これらをしっかりと自覚させることからだ。

制度面の改正として，わいせつ教員のデータベース化が図られ，それを参照した上で，免許状の再授与の可否が判断されることとなった。子供を守る上でもこうした強硬策もやむを得ない。

予想問題

わいせつ教員対策法に関する以下の文章のうち，正しいものはどれか。

ア 児童生徒等とは，学校に在籍する20歳未満の者をさす。

イ 教育職員免許法の規定により，教員免許状を失効した者であっても，5年間経過した後に免許状を再取得することができる。

ウ 児童生徒性暴力等を行ったことにより免許状が失効等した者については，その後の事情から再免許を授与するのが適当である場合に限り，都道府県の教育委員会は再免許を授与することができる。

正答は34ページ

★★★ 教員の資質能力向上

ここに注目

これからの教員には，どのような資質能力が必要とされるか。最近公表された公的見解を押さえよう。教員免許更新制は廃止され，今後は研修受講履歴を活用し，自身の変容や成長を「見える化」していく。

 時事の基礎知識

　教員に求められる資質能力と，教員免許更新制廃止後の研修のあり方についてである。

□ **教員に求められる資質能力**……使命感や責任感，教育的愛情，教科や教職に関する専門的知識，実践的指導力，総合的人間力，コミュニケーション能力，ファシリテーション能力などが挙げられている🅐。

□ **新たな教員の姿**…子どもの学びの伴走者で，自身も主体的に学び続ける🅑。

○ 教師が技術の発達や新たなニーズなど学校教育を取り巻く環境の変化を前向きに受け止め，教職生涯を通じて探究心を持ちつつ自律的かつ継続的に新しい知識・技能を**学び続け**，子供一人一人の学びを最大限に引き出す教師としての役割を果たしている。

○ その際，子供の主体的な学びを支援する**伴走者**としての能力も備えている。

□ **教員の学びの姿**…4つ示されている。

　ア）変化を前向きに受け止め、探究心を持ちつつ自律的に学ぶという「**主体的な姿勢**」。

　イ）求められる知識技能が変わっていくことを意識した「**継続的な学び**」。

　ウ）新たな領域の専門性を身に付けるなど強みを伸ばすための、一人一人の教師の個性に即した「**個別最適な学び**」。

　エ）他者との対話や振り返りの機会を確保した「**協働的な学び**」。

□ **記録を活用した指導助言**…教員免許更新制に代わる，新たな研修のあり方である🅒。

🅐 中央教育審議会答申「令和の日本型学校教育の構築を目指して」（2021年1月）による。

🅑 中央教育審議会答申「令和の日本型学校教育を担う教師の養成・採用・研修等の在り方について」（2022年12月）による。

🅒 文部科学省「公立の小学校等の校長及び教員としての資質の向上に関する指標の策定に関する指針」（2022年8月）を参照。

○指導助言者➍と教員等が**研修等に関する記録を活用**しつつ，資質の向上に関する指導助言等として**対話**を重ねる中で，今後能力を伸ばす必要がある分野の研修受講などの資質の向上方策について，教員等からの相談に応じ，情報を提供し，又は指導及び助言を行う。

□**教員の資質向上に関する指標の策定**……各自治体は，教員の成長を「見える化」するための**指標**を策定することになっている。その際，以下の5つの柱に基づく。
①教職に必要な素養
②学習指導
③生徒指導
④特別な配慮や支援を必要とする子供への対応
⑤ICTや教育データの利活用

論点はどこ？

時代の変化ともに，教員に求められる資質の中身も変わってきている。従来型のものに加え，ファシリテーション能力やICT活用指導力等も求められる。

不評であった教員免許更新制は廃止され，**研修受講履歴**を活用し，自分の立ち位置を踏まえた研修受講が奨励されることになった。同時に，職務から距離を置いた自発的な学び，大学院等に戻って学ぶ「Off-JT」の機会も拡充されるべきだ➎。イノベーションは，「今・ここ」を離れることで起きる。

➍ 県費負担教職員の場合，指導助言者は市町村教育委員会である。

➎ 日本の教員の大学院卒率は低い。以下は小学校のデータだが，欧米諸国との差は歴然といている。

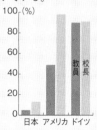

100 (%)

教員　校長

日本　アメリカ　ドイツ

*IEA「TIMSS 2019」による。

予想問題

以下の文章は，新たな教員の姿について述べたものである。空欄に適語を入れよ。

教師が技術の発達や新たな（　①　）など学校教育を取り巻く環境の変化を前向きに受け止め，教職生涯を通じて（　②　）を持ちつつ自律的かつ継続的に新しい知識・技能を学び続け，子供一人一人の（　③　）を最大限に引き出す教師としての役割を果たしている。その際，子供の主体的な学びを支援する（　④　）としての能力も備えている。

正答は34ページ

★★★ 生成AIの活用

> **ここに注目** 社会の様々な場面で，生成AIを活用することが増えてきた。教育においても活用されるようになるが，安易（やみくも）な利用は逆効果となる。適切（不適切）な活用の例を知っておこう。

時事の基礎知識

　生成AIに関する公的なガイドラインが公表されている**1**。重要箇所を読んでみよう。

□生成AIの概要……ChatGPTやBing Chat，Bard等の**対話型生成AI**は，あたかも人間と自然に会話をしているかのような応答が可能であり，文章作成，翻訳等の素案作成，ブレインストーミングの壁打ち相手など，多岐にわたる活用が広まりつつある。

□生成AIの教育利用の考え方……教育でも使うべきだが，やみくもな利用はNGである。

○利用規約**2**の遵守はもとより，事前に生成AIの性質やメリット・デメリット，AIには自我や人格がないこと，生成AIに全てを委ねるのではなく**自己の判断や考え**が重要であることを十分に理解させることや，発達の段階や子供の実態を踏まえることが重要。

○個別の学習活動での活用の適否については，学習指導要領に示す資質・能力**3**の育成を**阻害**しないか，教育活動の目的を達成する観点で**効果的か否か**で判断すべきである。

□適切でないと考えられる例

○生成AI自体の性質やメリット・デメリットに関する学習を十分に行っていないなど，情報モラルを含む情報活用能力が十分育成されていない段階において，自由に使わせること。

○各種コンクールの作品やレポート・小論文などについて，生成AIによる生成物をそのまま自己の成果物として応募・提出すること。

○子供の感性や独創性を発揮させたい場面，初発の感

1 文部科学省『初等中等教育段階における生成AIの利用に関する暫定的なガイドライン』（2023年7月）である。

2 ChatGPTの利用年齢は13歳以上，Bing Chatは成年，Bardは18歳以上である。

3 82ページを参照。

想を求める場面などで最初から安易に使わせること。

○定期考査や小テストなどで子供達に使わせること**4**。

□**活用が考えられる例**

○情報モラル教育の一環として，教師が**生成AIが生成する誤りを含む回答を教材として使用し，その性質や限界等を生徒に気付かせること。**

○グループの考えをまとめたり，アイデアを出す活動の途中段階で，生徒同士で一定の議論やまとめをした上で，**足りない視点を見つけ議論を深める目的で**活用させること。

○**英会話の相手として活用したり，より自然な英語表現への改善や一人一人の興味関心に応じた単語リストや例文リストの作成に活用させること，外国人児童生徒等の日本語学習のために活用させること。**

○発展的な学習として，生成AIを用いた高度な**プログラミングを行わせること。**

4 学習の進捗や成果を把握・評価するという目的に合致しない。

論点はどこ？

問いかけに答えてくれ，文章も自動で作成してくれる。生成AIは現代文明の所産で，官公庁でも活用されている。だが所詮は過去のデータを学習させただけのもので，出てくるアウトプットには誤り（文脈違い）があるのもしばしばだ。あくまで主は人間で，教育活動を補助，ないしは効率的にするツールとして使うべきである。

生成AIの限界に気付かせることは，人間にしか為しえないこと，Society 5.0の時代に学ぶべきことは何かを自覚させることにもつながる。

予想問題

以下のうち，生成AIの活用として適切と考えられるものはどれか。

ア　発展的な学習として，生成AIを用いた高度なプログラミングを行わせること。

イ　各種コンクールの作品やレポート・小論文などについて，生成AIによる生成物をそのまま自己の成果物として応募・提出すること。

ウ　定期考査や小テストなどで子供達に使わせること。

正答は34ページ

★★★

教員の働き方改革

教員の働き方改革に，ようやく本腰が入れられるように
なってきた。学校が任うべき業務について明確化され，
勤務時間の上限が定められ，教員業務支援員というス
タッフが新設された。詳細を知ろう。

時事の基礎知識

　学校の業務の明確化と，在校等時間（時間外）の上限
についてである。

□**学校における働き方改革の目的**……教師が疲労や心理
的負担を過度に蓄積して**心身の健康を損なうことがな**
いようにすることを通じて，自らの教職としての専門
性を高め，より分かりやすい授業を展開するなど教育
活動を充実することにより，より短い勤務でこれまで
我が国の義務教育があげてきた高い成果を維持・向上
することを目的とする➡。

□**学校が担うべき業務の分類**……3つに分類される。

　ⅰ）学習指導要領等を基準として編成された教育課程
　　　に基づく**学習指導**。

　ⅱ）児童生徒の人格の形成を助けるために必要不可欠
　　　な**生徒指導・進路指導**。

　ⅲ）保護者・地域等と連携を進めながら，これら教育
　　　課程の実施や生徒指導の実施に必要な**学級経営や学**
　　　校運営業務。

□**在校等時間の定義**……管理の対象となるのは，**在校等**
時間である➡。

　○在校等時間とは，「超勤4項目」以外の業務を行う
　　時間も含めて教育職員が在校している時間をさす。

　○下記の①と②は加え，③と④は除く。

　　①校外において職務として行う研修や児童生徒の引
　　　率等の職務に従事している時間（加える）。

　　②各地方公共団体で定めるテレワークの時間（加え
　　　る）。

　　③勤務時間外における自己研鑽及び業務外の時間

1▶ 中央教育審議会「新
しい時代の教育に向け
た持続可能な学校指
導・運営体制の構築の
ための学校における働
き方改革に関する総合
的な方策について」
（2019年1月）による。

2▶ 文部科学省『公立
学校の教育職員の業務
量の適切な管理その他
教育職員の服務を監督
する教育委員会が教育
職員の健康及び福祉の
確保を図るために講ずべ
き措置に関する指針』
（2020年1月）を参照。

（除く）。

④休憩時間（除く）。

□**時間外在校等時間の上限**……時間外在校等時間とは，1日の在校等時間から所定の勤務時間を除いた時間をいう。上限は，1か月で45時間，1年間で360時間とする。

□**超勤4項目**……緊急時等の必要がある場合，時間外勤務が命じられる業務である。

①生徒の実習に関する業務

②学校の行事に関する業務

③職員会議に関する業務

④非常天災の場合に必要な業務

□**教員業務支援員**……新たに法定されたスタッフで，教員の業務の円滑な実施に必要な支援❸を行う。（学校教育法施行規則第65条の7）

□**副校長・教頭マネジメント支援員**……外部との渉外，アンケート回答等の業務を補助。

❸ 配布物等の印刷，採点業務の補助，感染症対策のための清掃活動等である。

論点はどこ？

　残業代❹やタイムカードの概念がないなど，一般社会では考えられないことが学校ではまかり通っている。教員の善意（熱意）の上に成り立ってきた砂上の楼閣が崩れつつある。教員業務支援員といったスタッフも新設されているが，どの業界も人手不足で人材の確保も容易でない。人海戦術に頼るだけでなく，膨大な業務を削減することに重きを置くべきだ。

❹ 教員の場合，不測の事態で時間外労働が生じることが多々あるが，月給の4％に相当する教職調整手当でそれが賄われている。言うなれば，月給の4％の上乗せで「使い放題」というわけだ。

予想問題

教員の働き方改革に関する以下の文章のうち，誤っているものはどれか。記号で答えよ。

　ア　在校等時間には，勤務時間外における自己研鑽及び業務外の時間は含まれない。

　イ　時間外在校等時間の上限は，1か月で45時間である。

　ウ　時間外勤務が命じられる超勤4項目には，職員会議に関する業務は含まれない。

正答は34ページ

★★★
部活動改革

中学校の運動部の在り方が大幅に見直される。当局のガイドラインで言われている休養日，活動時間の規定について知っておこう。部活動は徐々に地域に移行され，学校が一手に担っている状況も変えられる。

時事の基礎知識

スポーツ庁・文化庁「学校部活動及び新たな地域クラブ活動の在り方等に関する総合的なガイドライン」（2022年12月）を読んでみよう➡。

□**学校部活動**……生徒の心身の健康管理をし，適切な休養日を設ける。

○校長，部活動顧問，部活動指導員及び外部指導者は，学校部活動の実施に当たっては，生徒の**心身の健康管理**，事故防止（活動場所における施設・設備の点検や活動における安全対策等）及び**体罰・ハラスメントを根絶**する。

○学期中は，週当たり**2日以上の休養日**を設ける。平日は少なくとも1日，週末は少なくとも1日以上を休養日とする。

○1日の活動時間は，長くとも平日では**2時間程度**，学校の休業日（学期中の週末を含む）は**3時間程度**とする。

□**新たな地域クラブ活動**……今後，部活動は地域に移行される。

○公立中学校において，学校部活動の維持が困難となる前に，学校と地域との連携・協働により，生徒のスポーツ・文化芸術活動の場として，新たに**地域クラブ活動**を整備する必要がある。

○都道府県及び市区町村は，生徒にとってふさわしい地域スポーツ環境を整備するため，各地域において，専門性や資質・能力を有する**指導者**を確保する➡。

○休日における地域クラブ活動への移行をおおむね達成する目標時期について，**2023年度〜2025年度末**

1 本ガイドラインは，主に中学生を対象とする。

部活動指導員

スポーツ，文化，科学等に関する教育活動（教育課程として行われるものを除く）に係る技術的な指導に従事するスタッフ（学校教育法施行規則第78条の2）。単独で，大会等の引率も行える。

2 学校運動部活動指導士という資格もできている（日本スポーツクラブ協会）。

を目途として想定し，この3年間を改革推進期間と位置付けて重点的に支援する。

□**大会等の在り方の見直し**……地域クラブ活動の会員も参加できるようにする。

○2023年度から地域のスポーツ団体等の活動に参加する中学生の全国中学校体育大会への参加を承認することを決定（日本中体連）。

○生徒の安全確保等に留意しつつ，できるだけ**教師が引率しない体制**を整える。

○大会等の主催者は，全国大会の開催回数について，学校生活との適切な両立を前提として，種目・部門・分野ごとに適正な回数に**精選**する。

論点はどこ？

現状の部活動は，生徒にとっては過重な負担となり，教員にすれば長時間労働の最大の要因となっている。この病巣にようやくメスが入り，休養日の設定，活動時間の制限が義務化されることになった。

今後，中学校の部活動は段階的に地域に移行される**3**。これから，時間を持て余す退職高齢者が地域に増えてくる。その中には，専門的な技量を有する人もいる。民間企業も副業を推奨していて，子供に教えたいという専門人材もいるだろう。こうした人的資源を活用しない手はない。**子供は社会全体で育てる**，という視点が大事だ。学校を「スリム化」しないといけない。

3 北欧諸国では，学校での部活という概念がない。下のグラフは，中学校教員の週間の課外活動指導時間だが，多くの教員が課外活動指導にはノータッチである。この手の活動は，地域のスポーツクラブ等に任されている。

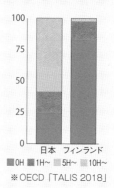

※OECD「TALIS 2018」

予想問題

2022年12月に策定された「学校部活動及び新たな地域クラブ活動の在り方に関する総合的なガイドライン」に関する以下の記述のうち，正しいものはどれか。

ア　学期中は，週当たり1日以上の休養日を設ける。

イ　1日の活動時間は，長くとも平日では3時間程度，学校の休業日（学期中の週末を含む）は4時間程度とする。

ウ　学校と地域の連携・協働により，生徒のスポーツ・文化芸術活動の場として，新たに地域クラブ活動を整備する。

正答は34ページ

第1章　予想問題の正答

第2章

学　校

学校の現状

一口に学校といっても，いろいろなタイプがある。私立学校が占める割合，学校の規模（サイズ）といった視点を据えて，現代学校の構造を描き出してみよう。小学校の学級編制の標準が下げられたこともポイント。

時事の基礎知識

諸君が勤めることになる**学校**の現状を，最新の統計でみておこう。

□**学校数**……学校教育法第1条が定める正規の学校の数は，以下のようである（2023年5月時点）➡。

	学校数	うち私立	私立率
幼稚園	8,837	6,044	**68.4**
小学校	**18,980**	244	1.3
中学校	9,944	781	7.9
義務教育学校	207	1	0.5
高等学校	4,791	1,321	27.6
中等教育学校	57	18	31.6
特別支援学校	1,178	15	1.3
大学	810	622	**76.8**
高等専門学校	58	4	6.9

○全国津々浦々にある小学校は約**2万**校。小・中学校は大半が公立だが，幼稚園と大学は**私立**の比重が高い。このことは，家計が負担する教育費高騰の原因となっている➋。

□**学校規模の変化**……少子化により，学校の**小規模化**が進んでいる。数的に多い公立小学校の例を示そう。

公立小学校の学校数・学校規模の変化

	学校数	1学校あたりの児童数	1学級あたりの児童数
1955年	26,659	456.9	43.8
1975年	24,419	420.2	32.9
1995年	24,302	339.7	28.3
2023年	18,669	317.9	22.0

➊ 文部科学省『学校基本調査』（2022年度）による。2015年6月の学校教育法改正により，小中一貫教育を行う義務教育学校も加わったことに注意。

正規の学校は，学校教育法第1条で定められていることに鑑み，「1条学校」と呼ばれる。

➋ これにちなみ，幼稚園の費用は無償，低所得世帯の大学の学費は大幅に減免されることになった。詳細は114～115ページを参照。

○高度経済成長期の頃は，1学級の平均児童数は43.8人。50人超のすし詰め学級も珍しくなかった。最近では平均**22.0人**で，30人以下の学級が全体の7割を占める。

□**小学校の学級編制の標準**……2021年の義務標準法**❸**改正により，公立小学校の1学級の児童数標準が40人から**35人**に引き下げられた。

❸ 正式名称は「公立義務教育諸学校の学級編制及び教職員定数の標準に関する法律」である。

○Society 5.0時代の到来や子供たちの多様化の一層の進展等の状況も踏まえ，誰一人取り残すことなく，全ての子供たちの可能性を引き出す教育へ転換し，**個別最適な学び**と協働的な学びを実現することが必要であることから，一人一人の教育的ニーズに応じたきめ細かな指導を可能とする指導体制と安全・安心な教育環境を整備するために公立の小学校の学級編制の標準を**段階的に引き下げる**（文部科学省）。

○2年生は2021年度，3年生は2022年度，…6年生は2025年度から実施する**❹**。

❹ 1年生は2011年の法改正で35人となっている。

論点はどこ？

　我が国の学校教育は伝統的に「**私**」依存型であり，現在でも就学前教育や高等教育段階では，私立学校の比重が大きい。これらの学校の教育費を家計任せにするのではなく，国も補助金増額などの施策を講じるべきだ。

　小学校の学級規模の縮小も注目ポイントだ。少子化で空き教室が増えているが，壁を取っ払って教室も大きくし，教室内の「密」を回避したい。少子化により，きめ細かい教育ができるようになっているのは事実である。

予想問題

学校の現状に関する以下の記述のうち，正しいものはどれか。記号で答えよ。

ア　高等学校の半分以上は私立学校である。

イ　教育予算の削減の影響で，公立小学校の1学級あたりの児童数は増加の傾向にある。

ウ　2021年の法改正により，公立小学校の学級編制の標準が40人から35人に引き下げられた。

正答は56ページ

小中一貫教育

終戦後，長らく続いてきた「6－3－3－4」の学制の抜本改革が行われた。小中一貫教育を行う義務教育学校が，正規の学校に加えられた。目的や修業年限など，このニュータイプの学校について知っておこう。

時事の基礎知識

☐ **なぜ小中一貫教育か**……現在，全国各地で小中一貫教育の取組がなされているが，その背景として以下のことがいわれている ➡ 。

① 教育基本法，学校教育法の改正による義務教育の目的・目標規定の新設。

② 近年の教育内容の量的・質的充実への対応。

③ 児童生徒の**発達の早期化**等に関わる現象。

④ 中学校進学時の不登校，いじめ等の急増など，「**中1ギャップ**」への対応。

⑤ 少子化等に伴う学校の社会性育成機能の強化の必要性。

☐ **小中一貫教育の制度設計**……以下の2タイプが想定されている。

	義務教育学校	小中一貫型の小学校・中学校
修業年限	9年 ➡	小・中学校と同じ
教育課程	・9年間の教育目標の設定，9年間の系統性を確保した教育課程の編成。 ・小・中の学習指導要領を準用した上で，一貫教育の実施に必要な教育課程の特例を創設。	
組織	・一人の校長 ・一つの教職員組織 ・教員は原則として小・中免許を共有。	・学校毎に校長 ・学校毎に教職員組織 ・教員は各学校種に対応した免許を保有。
施設	施設の一体・分離を問わず設置可能	

☐ **義務教育学校の創設**……2015年6月の学校教育法改正により，義務教育学校が正規の学校に加えられた。ポイントは以下。文部科学省による法改正の解説を参照。

➡ 中央教育審議会答申「子供の発達や学習者の意欲・能力等に応じた柔軟かつ効果的な教育システムの構築について」（2014年12月）を参照。

✎ **発達加速現象**

人間の身体的・生理的発達の速度が速くなること。昔に比べて栄養状態がよくなってきたことから，子供の発達加速現象が進んでいる。

✎ **中1ギャップ**

小学校から中学校に上がった途端，各種の問題行動が激増する現象。小学校6年生から中学校1年生にかけて，暴力加害者数は1.7倍，不登校児数も1.7倍に増加する（2022年度）。

① 目的は,「心身の発達に応じて，義務教育として行われる普通教育について，基礎的なものから**一貫して施すこと**」。(学校教育法第49条の2)

② 国公私いずれも設置が可能。(同法第2条)

③ 市区町村には，公立小・中学校の設置義務があるが，義務教育学校の設置をもって設置義務の履行。(同法第38条)

④ 修業年限は9年。小学校・中学校の学習指導要領を準用するため，**前期6年と後期3年の課程に区分❷**。(同法第49条の4，第49条の5)

⑤ 市区町村立の義務教育学校の教職員給与は，**国庫負担の対象となる❸**。(義務教育費国庫負担法第2条)

⑥ 小学校と中学校の両方の免許状が必要。(教育職員免許法第3条)

❷ 転校の円滑化等のため，前期6年と後期3年の区分は確保する。

❸ 国の負担割合は3分の1であり，残りは都道府県が負担する。

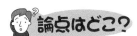 **論点はどこ？**

　6－3の義務教育制度ができた戦後初期の頃とは，時代は大きく変わっている。発達の早期化や**中1ギャップ**といった「現代的」現象に対応すべく，小中一貫教育を行う義務教育学校が制度化された。東京都では公立の小中高一貫校の設置もできている。

　教育効果の向上が期待されるが，**同じ集団**に長期間属することになるため，いじめのような問題が深刻化する懸念もある。風穴を開けておくことも必要であろう。

予想問題

小中一貫教育を行う義務教育学校に関する以下の文章のうち，**誤っているものはどれか**。記号で答えよ。

ア　義務教育学校は，国公私いずれも設置可能である。

イ　義務教育学校の修業年限は9年であり，前期6年と後期3年に区分する。

ウ　義務教育学校の教員は，小学校・中学校のいずれかの教員免許状を所有していればよい。

エ　市区町村立の義務教育学校の教職員給与は，国庫負担の対象となり，国が3分の1を負担する。

正答は56ページ

高大接続改革

ここに注目

高大接続改革を通して育成を目指す，学力の３要素はどのようなものか。2021年から大学入学共通テストが実施されているが，その制度設計と争点を知っておこう。「旬」のテーマで，討議のネタになるかもしれない。

時事の基礎知識

高大接続改革の目玉は，大学入学共通テストの改革だ。

□**高大接続改革とは**……高等学校教育，大学教育，大学入学者選抜を通じて**学力の３要素**を確実に育成・評価する，三者の一体的な改革（文部科学省）。

> 学力の３要素
> ①知識・技能の確実な習得
> ②思考力，判断力，表現力
> ③主体性を持って多様な人々と協働して学ぶ態度

□**大学入学共通テスト**……以前の大学入試センター試験に代わるものである。上記の学力を測るべく，以下の方針で問題が作成される ▶。

①高等学校学習指導要領において育成することを目指す資質・能力を踏まえ，知識の理解の質を問う問題や，**思考力，判断力，表現力**を発揮して解くことが求められる問題を重視する。

②高等学校における「**主体的・対話的で深い学び**」の実現に向けた授業改善のメッセージ性も考慮し，授業において生徒が学習する場面や，社会生活や日常生活の中から課題を発見し解決方法を構想する場面，資料やデータ等を基に考察する場面など，学習の過程を意識した問題の場面設定を重視する。

③知識の理解や思考力等を新たな場面でも発揮できるかを問うため，教科書等で**扱われていない資料等**も扱う場合がある。

④多岐選択式又は数値や記号等で解答する形式により出題する。いわゆる**連動型の問題**（連続する複数の問いにおいて，前問の答えとその後の問いの答えを

１▶ 大学入試センター『令和６年度大学入学者選抜に係る大学入学共通テスト出題教科・科目の出題方法等及び問題作成方針』による。

組み合わせて解答させ，正答となる組合せが複数ある形式）を問題作成のねらい，範囲・内容等を踏まえて，出題する場合がある。

□**大学入学共通テストの教科・科目**……2022年度から新学習指導要領が全面実施されていることにちなみ，2025年度から出題の教科・科目が再編される。

○**7教科**（国語，地理歴史，公民，数学，理科，外国語，情報）の21科目が出題される。

○目玉は情報科の「情報Ⅰ」が加わることだが，高校では情報科を教える教員が不足しており➡，授業内容に地域差が生じている懸念も持たれている。

○2024年度より，高校情報科の**教員資格認定試験**を実施する。合格者には，高校情報科の教員免許状（一種）が授与される。

論点はどこ？

2021年1月から実施された大学入学共通テストだが，当初，いろいろ物議を醸した。「記述式の答案採点を学生アルバイトにやらせるのか」「英語の民間検定試験の受験機会には地域格差がある」というものだ。

記述式の導入や民間検定試験の活用は見送りとなったが，翻弄された現場の不信感は強い。「変える」ことが目的化した改革は百害あって一利なしだ。本当に必要な改革なのか，それを実現する条件整備は可能かを，慎重に吟味しないといけない。

➋公立高校の情報科担当教員のうち，16％が免許状を保有していないという（2022年5月時点）。

教員資格認定試験

広く一般社会から教員を募るため，国が実施している試験。大学の教職課程を終えていなくても受験できる。

予想問題

大学入学共通テストに関する以下の記述のうち，誤っているものはどれか。

ア　思考力，判断力，表現力を要する問題を重視する。

イ　知識の理解や思考力等を新たな場面でも発揮できるかを問うが，高等学校の教科書等で扱われていない資料等は扱わない。

ウ　新たな出題形式として，いわゆる連動型の問題を問題作成のねらい，範囲・内容等を踏まえて，出題する場合がある。

正答は56ページ

教育機会確保法

ここに注目

教育機会確保法の成立により，義務教育段階の不登校児童生徒に対する支援が図られることになった。従来とは異なり，学校に来させるだけではなく，学校以外の場の教育機会も重視されていることに注意。

時事の基礎知識

　2016年12月，義務教育段階の不登校児童・生徒を支援する，**教育機会確保法**🔳が成立した。

□**不登校の増加**……90年代以降，小・中学生の不登校生徒数🔳は4.5倍に増加。出現率も0.47%から3.17%に上昇している。現在は，不登校児30万人の時代だ。

小・中学生の不登校生徒出現率

	a 全児童生徒数	b 不登校生徒数	b／a 出現率
1991年度	14,354,743	66,817	0.47%
2022年度	9,442,083	**299,048**	**3.17%**

□**教育機会確保の施策の理念**……教育機会確保法第3条で定められている。

○全ての児童生徒が豊かな学校生活を送り，安心して教育を受けられるよう，学校における**環境の確保**が図られるようにすること。

○不登校児童生徒が行う**多様な学習活動**🔳の実情を踏まえ，個々の不登校児童生徒の**状況に応じた必要な支援**が行われるようにすること。

○不登校児童生徒が安心して教育を十分に受けられるよう，学校における**環境の整備**が図られるようにすること。

○義務教育の段階における普通教育に相当する教育を十分に受けていない者の意思を十分に尊重しつつ，その**年齢又は国籍その他の置かれている**事情にかかわりなく，その能力に応じた教育を受ける機会が確保されるようにするとともに，その者が，その教育を通じて，社会において**自立的に生きる**基礎を培

🔳 正式名称は，「義務教育の段階における普通教育に相当する教育の機会の確保等に関する法律」である。2017年2月より施行されている。

🔳 年度間に連続又は断続して30日以上欠席した児童生徒のうち，欠席理由が「不登校」に該当する者である。データは，文部科学省「児童生徒の問題行動・不登校等生徒指導上の諸問題に関する調査」による。

🔳 自宅でのIT学習や，フリースクールでの学習などである。一定の要件を満たせば，指導要録上「出席扱い」と認められる。

い，豊かな人生を送ることができるよう，その教育水準の維持向上が図られるようにすること。

○国，地方公共団体，教育機会の確保等に関する活動を行う民間の団体その他の関係者の相互の密接な**連携**の下に行われるようにすること。

□**学校における取組への支援**……第8条である。

○**国及び地方公共団体**は，全ての児童生徒が豊かな学校生活を送り，安心して教育を受けられるよう，児童生徒と学校の教職員との**信頼関係**及び児童生徒相互の**良好な関係**の構築を図るための取組，児童生徒の置かれている環境その他の事情及びその意思を把握するための取組，学校生活上の困難を有する個々の児童生徒の状況に応じた支援その他の学校における取組を支援するために必要な措置を講ずるよう努めるものとする。

論点はどこ？

　不登校の児童生徒を受け入れるフリースクールを正規の学校として位置付けようという案は，反対多数のため実現しなかった。しかし，このほど成立した教育機会確保法では，**学校以外の場で行われる学習活動の重要性**が認識されている❹。情報化が進んだ現在では，学校だけが教育の場であり続けることはできない。不登校に対する見方も，一昔前とはだいぶ変わってきている。学校を魅力的な場にする努力も必要だ。一方通行の授業だけなら，自宅で教育用動画を見るのと変わらない。

　子ども期に義務教育を終えられなかった高齢者や外国人等の教育機会確保も欠かせない。その場は**夜間中学**で，設置を進める必要がある❺。

❹ 鎌倉市のようにフリースクールの費用の一部を補助する自治体もある。

❺ 夜間中学については，146〜147ページを参照。

予想問題

以下は，教育機会確保法第3条の抜粋である。空欄に適語を入れよ。

　不登校児童生徒が行う（　①　）な学習活動の実情を踏まえ，個々の不登校児童生徒の（　②　）に応じた必要な支援が行われるようにすること。

正答は56ページ

特別支援教育

ここに注目 特別支援教育，インクルーシブ教育といった重要概念の空欄補充問題が多い。しっかり覚えておこう。インクルーシブの原義が「包括」であることにも注意。障害者とそうでない者が「共に学ぶ」仕組みが目指される。

時事の基礎知識

　障害のある子供の教育は，以前は特殊教育といっていたが，現在では**特別支援教育**という。

□ **特別支援教育とは**……2021年1月の中央教育審議会答申▶の概念規定を覚えておこう。

> ○特別支援教育は，障害のある子供の**自立や社会参加**に向けた主体的な取組を支援するという視点に立ち，子供一人一人の**教育的ニーズ**を把握し，その持てる力を高め，生活や学習上の**困難を改善又は克服**するため，適切な指導及び必要な支援を行うものである。
> ○特別支援教育は，**発達障害▶**のある子供も含めて，障害により特別な支援を必要とする子供が在籍する**全ての学校**において実施される。

□ **インクルーシブ教育**……2012年7月の報告「共生社会の形成に向けたインクルーシブ教育システム構築のための特別支援教育の推進」でいわれている，3つのキーワードを押さえよう。

1 **共生社会**⇒これまで必ずしも十分に社会参加できるような環境になかった障害者等が，積極的に参加・貢献していくことができる社会。

2 **インクルーシブ教育**⇒人間の多様性の尊重等の強化，障害者が精神的及び身体的な能力等を可能な最大限度まで発達させ，自由な社会に効果的に参加することを可能とするとの目的の下，障害のある者と障害のない者が**共に学ぶ仕組み▶**。

3 **合理的配慮**⇒障害者が他の者と平等にすべての人権及び基本的自由を享有し，又は行使することを確保するための必要かつ適当な**変更及び調整**であって，

---

1 14ページで触れた答申である。

2 学習障害（LD），注意欠陥多動性障害（ADHD），高機能自閉症などである。2022年の全国調査によると，公立小・中学生の8.8%が発達障害の兆候ありとされる。1クラスに2～3人の出現率である。

3 インクルーシブとは，包括・包摂を意味する「inclusion」の形容詞形である。原義は，障害者と他の者を共に包摂する，ということである。

特定の場合において必要とされるものであり，かつ，均衡を失した又は過度の負担を課さないもの。

□**教員に求められるもの**…特別支援教育に関する知識や理解は，全ての教員に求められる。

○**全ての教師**には，障害の特性等に関する理解と指導方法を工夫できる力や，個別の教育支援計画・個別の指導計画などの特別支援教育に関する基礎的な知識，**合理的配慮**に対する理解等が必要である**4**。

□**高等学校における通級指導の制度化**……2016年12月の学校教育法施行規則改正により，高等学校でも**通級による指導**が実施できることになった（第140条）。発達障害児も対象に含まれる。

□**学校のバリアフリー化**……バリアフリー法**5**により，公立学校および特別支援学校は，施設のバリアフリー化が義務付けられている。

論点はどこ？

障害者は「特殊」なのではなく，個別のニーズを持つだけの存在である。障害者を特別視する必要はなく，彼らの「**個別の教育ニーズ**」に普通に対応すればよい。

なお，障害者と他の者が共に生きる「共生社会」を実現させる上で，**インクルーシブ教育**は重要な位置を占める。別名「包括教育」であるが，以前のような分離主義は反省され，「同じ場所で共に学ぶ」という視点が打ち出されている**6**。学習指導要領でも，通常学校と特別支援学校の子供の**交流・共同学習**が推奨されている。全ての教員に，特別支援教育の素養が求められる所以だ。

4 文部科学省「新しい時代の特別支援教育の在り方に関する有識者会議報告」（2021年1月）による。

通級による指導

軽度の障害のある児童生徒が，多くの授業を通常の学級で受けながら，障害の状態に応じた特別の指導を特別の場で受けること。

5「高齢者，障害者等の移動等の円滑化の促進に関する法律」である。

6 障害児を分離した特別支援教育を中止するよう，日本は国連から勧告されてもいる。

予想問題

以下は，特別支援教育の概念を述べた文章である。空欄に適語を入れよ。

特別支援教育は，障害のある子供の（　①　）や社会参加に向けた主体的な取組を支援するという視点に立ち，子供一人一人の（　②　）を把握し，その持てる力を高め，生活や学習上の困難を改善又は克服するため，適切な指導及び必要な（　③　）を行うものである。

正答は56ページ

医療的ケア児支援法

ここに注目 医療的ケア児支援法が制定され，医療的ケア看護職員が学校に置かれ，医療的ケア児支援センターが県ごとに設置されることになった。医療的ケア児とその家族を包摂する取組である。

 時事の基礎知識

2021年6月，**医療的ケア児及びその家族に対する支援に関する法律**が成立した。内容は多岐にわたるが，最近の試験で出題された条文を紹介する。

□**定義**……第2条である。研修を受けた教員も，医療的ケアの一部を実施できる。

○**医療的ケア**⇒人工呼吸器による呼吸管理，喀痰吸引その他の医療行為。

○**医療的ケア児**⇒日常生活及び社会生活を営むために恒常的に医療的ケアを受けることが不可欠である児童（18歳未満の者，18歳以上の在学者）。

□**基本理念**……第3条である。当人や保護者の意思を尊重し，切れ目ない支援を行う。

○医療的ケア児及びその家族に対する支援は，医療的ケア児の日常生活及び社会生活を**社会全体**で支えることを旨として行われなければならない➡。

○医療的ケア児及びその家族に対する支援は，医療的ケア児が医療的ケア児でない児童と共に教育を受けられるよう最大限に配慮しつつ適切に教育に係る支援が行われる等，個々の医療的ケア児の年齢，必要とする医療的ケアの種類及び生活の実態に応じて，かつ，医療，保健，福祉，教育，労働等に関する業務を行う関係機関及び民間団体相互の**緊密な連携**の下に，**切れ目なく行われ**なければならない。

○医療的ケア児及びその家族に対する支援は、医療的ケア児が**18歳に達し，又は高等学校等を卒業した後**も適切な保健医療サービス及び福祉サービスを受けながら日常生活及び社会生活を営むことができる

1 各都道府県に，医療的ケア児支援センターが置かれる。医療的ケア児やその家族の相談に応じ，情報の提供や助言等を行う。

ようにすることにも配慮して行われなければならない。

○医療的ケア児及びその家族に対する支援に係る施策を講ずるに当たっては，**医療的ケア児及びその保護者の意思を最大限に尊重しなければならない。**

□**教育を行う体制の拡充等**……保護者の付き添いがなくても，医療的ケアを受けられるようにする。

○学校の設置者は，その設置する学校に在籍する医療的ケア児が**保護者の付添いがなくても**適切な医療的ケアその他の支援を受けられるようにするため，看護師等の配置その他の必要な措置を講ずるものとする。（第10条第2項）

論点はどこ？

医療的ケアを要する幼児児童生徒は増加傾向で，2022年度では10,491人となっている❷。呼吸機能障害を持つ子供が多く，専門的な対応も求められる。

法改正で**医療的ケア看護職員**が新設され，今後は看護師等も学校に増えてくるが，**保護者の付き添いが不要になり**，子供のケアのための離職も減るだろう。医療的ケア児支援センターという相談機関が，各都道府県に置かれることになったのも注目ポイントだ。医療的ケア児とその家族は教育の機会から疎外され，孤立しがちだったが，社会全体で包摂するインクルージョンの機運が高まってきている。

❷ 文部科学省「学校における医療的ケアに関する実態調査」（2022年度）による。

医療的ケア看護職員

医療的ケア児の療養上の世話又は診療の補助に従事する職員（学校教育法施行規則第65条の2）。看護師等をもって充てられる。

予想問題

医療的ケアに関する以下の文章のうち，正しいものはどれか。記号で答えよ。

　ア　医療的ケア児とは，恒常的に医療的ケアを受けることが不可欠である児童であるが，18歳に達した者は除かれる。

　イ　学校において，医療的ケア児が医療的ケアその他の支援を受けるには，保護者の付き添いがなければならない。

　ウ　医療的ケア児の療養上の世話又は診療の補助に従事する医療的ケア看護職員には，看護師等をもって充てる。

正答は56ページ

発達障害者支援法

発達障害者支援法が抜本改正された。法律の目的（第1条），発達障害の定義（第2条），支援の基本理念（第2条の2），及び教育（第8条）の改正条文を押さえよう。ポイントは「切れ目のない支援」である。

時事の基礎知識

　2016年6月，**発達障害者支援法**が改正された。最も重要な改正条文を押さえよう。

□**目的**……この法律は，…**切れ目なく**🔷発達障害者の支援を行うことが特に重要であることに鑑み，**障害者基本法**の基本的な理念にのっとり，…学校教育における発達障害者への支援，発達障害者の就労の支援，**発達障害者支援センター**の指定等について定めることにより，発達障害者の**自立及び社会参加**のためのその生活全般にわたる支援を図り，もって全ての国民が，障害の有無によって分け隔てられることなく，相互に人格と個性を尊重し合いながら**共生**する社会の実現に資することを目的とする。（第1条）

□**定義**……「発達障害」とは，自閉症，アスペルガー症候群その他の広汎性発達障害，**学習障害，注意欠陥多動性障害**その他これに類する脳機能の障害であってその症状が**通常低年齢**において発現するものとして政令で定めるものをいう🔷。（第2条第1項）

□**基本理念**……第2条の2である。重要用語が盛りだくさんだ。

　○発達障害者の支援は，全ての発達障害者が**社会参加の機会**が確保されること及びどこで誰と生活するかについての選択の機会が確保され，地域社会において他の人々と**共生**することを妨げられないことを旨として，行われなければならない。

　○発達障害者の支援は，**社会的障壁の除去**に資することを旨として，行われなければならない。

　○発達障害者の支援は，個々の発達障害者の性別，年

1 切れ目のない支援というのが，法改正の目玉ポイントである。

2 発達障害児は，発達障害者のうち18歳未満の者をさす。

齢，障害の状態及び生活の実態に応じて，かつ，医療，保健，福祉，教育，労働等に関する業務を行う関係機関及び民間団体相互の**緊密な連携**の下に，その意思決定の支援に配慮しつつ，**切れ目なく**行われなければならない。

□**教育**……国及び地方公共団体は，発達障害児が，その年齢及び能力に応じ，かつ，その特性を踏まえた十分な教育を受けられるようにするため，可能な限り発達障害児が発達障害児でない児童と**共に**教育を受けられるよう配慮しつつ，適切な教育的支援を行うこと，**個別の教育支援計画**の作成及び**個別の指導に関する計画**の作成の推進，いじめの防止等のための対策の推進その他の支援体制の整備を行うことその他必要な措置を講じるものとする。(第8条第1項)

 論点はどこ？

2011年の障害者基本法改正，2014年の障害者権利条約の批准といった動向を受け，発達障害者支援法も抜本改正された。改正事項は多岐にわたるが，底流にあるのは「**切れ目のない支援**」である。教育機関だけでなく，医療，福祉，労働等の諸機関が連携した，長期にわたる支援について規定されている。

今日では，通常学級に2～3人の発達障害児が在籍していると推測され，彼らの固有のニーズに即した教育も必要になる。発達障害児が有している，ズバ抜けた才能を伸ばすことにも留意したい❸。

個別の教育支援計画

教育に関する業務を行う関係機関と医療，保健，福祉，労働等に関する業務を行う関係機関及び民間団体との連携の下に行う個別の長期的な支援に関する計画。

❸ 現在，特異な才能のある児童生徒（ギフテッド）への支援推進事業が開始されている。

予想問題

以下は，新設された発達障害者支援法第2条の2の抜粋である。空欄に適語を入れよ。

　発達障害者の支援は，全ての発達障害者が（　①　）の機会が確保されること及びどこで誰と生活するかについての（　②　）の機会が確保され，地域社会において他の人々と（　③　）することを妨げられないことを旨として，行われなければならない。

正答は56ページ

全国学力・学習状況調査

ここに注目 いろいろと物議をかもしている全国学力テスト。なぜこのような調査が行われるか。何年生が調査対象で，どういう事項が調査されるか。調査の概要，ならびに最新の2023年度調査の結果を知っておこう。

時事の基礎知識

2007年度より毎年，「**全国学力・学習状況調査**」が実施されている（通称・全国学力テスト）。

□**調査の目的**……義務教育の機会均等とその水準の維持向上の観点から，全国的な児童生徒の学力や学習状況を把握・分析し，教育施策の成果と課題を検証し，その改善を図るとともに，学校における児童生徒への教育指導の充実や学習状況の改善等に役立てる。さらに，そのような取組を通じて，教育に関する継続的な**検証改善サイクル**を確立する。

□**調査の対象**……小学校6年生と中学校3年生である➡。

□**調査事項**……教科は調査年度によって異なる➡。

　ア）**教科に関する調査**：小学校調査は，国語及び算数とし，中学校調査は，国語及び数学とする。

　イ）**質問紙調査**：学習意欲，学習方法，学習環境，生活の諸側面等に関する質問紙調査を実施する。

□**2023年度調査の特徴**……中学校で英語の教科調査が実施された。「話すこと」調査については，1人1台端末等を用いたオンライン方式により実施。

□**2023年度の結果のポイント**……2023年4月に実施された最新の調査結果である➡。

　○複数の情報を整理して自分の考えをまとめたり書き表し方を工夫したりすることに課題がある。（児童・国語）

　○図形を構成する要素などに着目して，図形の性質や計量について考察することに課題がある。（児童・算数）

　○日常的な話題に関する文章の概要を捉えたり，社会

➊ 義務教育学校，中等教育学校，特別支援学校の児童生徒も含む。

➋ 国語と算数（数学）が基本だが，3年に1回程度で理科や英語も加えられる。2025年度から，パソコンなどで解答するCBT方式が導入される。

➌ 国立教育政策研究所『2023年度・全国学力・学習状況調査の結果について（概要）』を参照。児童は小学校6年生，生徒は中学校3年生をさす。

的な話題について**自分の考えや理由を表現**したりすることに課題がある。（生徒・英語）

○**主体的・対話的で深い学び**に取り組んでいる児童生徒の方が，平均正答率が高い傾向が見られる。

○主体的・対話的で深い学びに取り組んだ児童生徒は，家庭の社会経済的背景（SES）が低い状況にあっても，各教科の正答率が高い傾向が見られる。

○「英語の勉強は好きか」との問に肯定的に回答する中学校生徒の割合は，小学校児童よりも約17ポイント少ない。

○授業において**ICT機器**を「ほぼ毎日」活用している割合が，昨年度より小中学校ともに約7ポイント増加している❹。

○主体的・対話的で深い学びや個別最適な学びが，児童生徒の**自己有用感**等に影響を与えている可能性がある。

論点はどこ？

全国学力テストの結果から教育指導の効果を把握し，改善につなげるサイクルができつつある。生活習慣や学習習慣も好ましい方向に向かっている。

しかし，この「**ビッグデータ**」は，まだまだ活用の余地があるように思う。個票データを使って統計分析をすれば，学力を規定する要因が詳細に明らかになり，現場の教育指導も飛躍的に改善されるだろう。とくに，家庭の社会経済的背景（SES）との関連分析は重要である。子どもの貧困対策のエビデンスにもなる。

❹しかし国際的に見ると，授業のICT化は遅れている。授業で，「いつも」ないしは「しばしば」ICT機器を生徒に使わせる中学校教員の割合は，日本は他国と比して著しく低い。ICT教育の後進国だ。

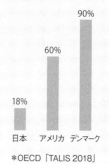

*OECD「TALIS 2018」

予想問題

「**全国学力・学習状況調査**」に関する以下の文章のうち，正しいものはどれか。記号で答えよ。

ア 小学校調査の対象は，小学校6年生，義務教育学校前期課程5年生，特別支援学校小学部6年生である。

イ 2023年度の中学校の調査教科は，国語と数学であった。

ウ 英語の勉強が好きという回答の割合は，小学校より中学校で低い。

正答は56ページ

国際学力調査

学力調査は国内だけでなく，世界規模でも実施されている。PISAとTIMSSの調査概要と，我が国の結果の概要を知っておこう。これらに関する文章の正誤判定問題が頻出である。

🗣 時事の基礎知識

□**PISA2022の調査概要**……OECD（経済協力開発機構）が実施している国際学力調査である➡。

○義務教育修了段階の15歳児を対象に，2000年から3年ごとに，**読解力**，**数学的リテラシー**，**科学的リテラシー**の3分野で実施。

○2015年調査からコンピュータ使用型調（CBT）査に移行。日本は，高校1年相当学年が対象。

□**PISA2022の結果概要**……日本の結果は…

○数学的リテラシー（OECD加盟国中1位），読解力（2位），科学的リテラシー（1位）3分野全てにおいて世界トップレベル。

○前回2018年調査から，OECDの平均得点は低下した一方，日本は3分野全てにおいて前回調査より平均得点が上昇。

○社会経済文化的背景（ESCS）が生徒の得点に影響を及ぼす度合いが低い国の一つ。

○新型コロナウイルスの影響が小さい「リジリエントな」国の一つ。

□**TIMSS2019の調査概要**……国際教育到達度評価学会（**IEA**）が4年間隔で実施している国際学力調査である➡。

○IEAが，児童生徒の算数・数学，理科の到達度を国際的な尺度によって測定し，児童生徒の学習環境等との関係を明らかにするために実施。日本からは，**小学校4年生と中学校2年生**が参加。

□**TIMSS2019の結果概要**……2019年調査の日本の結果としては，以下の点が注目される。

➊ PISAとは，「生徒の学習到達度調査」と訳される。調査概要と結果概要は，国立教育政策研究所「PISA 2022のポイント」記事より引用。

➋ TIMSSとは，「国際数学・理科教育動向調査」と訳される。調査概要と結果概要は，国立教育政策研究所「TIMSS 2019のポイント」記事より引用。

○教科の平均得点については，小学校・中学校いずれも，算数・数学，理科ともに，引き続き**高い水準**を維持している。小4の算数は5位，理科は4位，中2の数学は4位，理科は3位。

○前回調査に比べ，小学校理科においては平均得点が有意に**低下**しており，中学校数学においては平均得点が有意に上昇している。

○質問紙調査については，小学校・中学校いずれも，算数・数学，理科ともに，算数・数学，理科の「勉強は楽しい」と答えた児童生徒の割合は**増加**している。

○小学校理科について「勉強は楽しい」と答えた児童の割合は，引き続き国際平均を上回っているが，小学校算数，中学校数学及び中学校理科について「勉強は楽しい」と答えた児童生徒の割合は，国際平均を下回っている。

論点はどこ？

国際学力調査の代表格であるPISAとTIMSSであるが，日本はおおむね良好な結果を示している。時系列的にみても，平均得点は高い水準を維持し，生徒間の分散（格差）も小さい。

数学や理科に対する興味や有用性の認識も高まっている。しかし，国際標準からするとまだ低い。アクティブ・ラーニング型の授業を充実させ，この面の資質も伸ばしていきたい。理数能力を鍛えても，それを生かして理系職に就こうという生徒が出てこないのは，もったいないことだ**❸**。

❸ 国際的にみて，日本の中学生の理科の学力は高いが，理系職を志望する生徒の割合は低い（下図）。

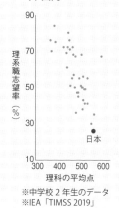

※中学校2年生のデータ
※IEA「TIMSS 2019」

予想問題

国際学力調査に関する以下の記述のうち，正しいものはどれか。

　ア　PISA（生徒の学習到達度調査）の実施主体は，IEAである。

　イ　PISA（生徒の学習到達度調査）の対象は，各国の15歳児である。

　ウ　TIMSSの結果によると，算数・数学の勉強が楽しいと思う児童・生徒の割合は減少している。

全国体力・運動能力, 運動習慣等調査

全国学力テストは有名だが, 全国体力テストも毎年実施されている。最新の2023年度の結果について知っておこう。体力はやや回復の兆しがあるものの, コロナ禍を経て, 生活習慣の乱れが大きくなっている。

時事の基礎知識

　文科省は毎年, 「**全国体力・運動能力, 運動習慣等調査**」を実施している。対象は小学校5年生と中学校2年生である。最新の2023年度調査の結果を見てみよう➡。

□**体力の状況**……8種目➡の調査から体力の合計点が出される。

○体力合計点については, 2022年度調査との比較では**回復基調**であるが, コロナ以前の水準には至っていない。

○2022年度と比較すると, 小・中学校ともに回復の度合いに**男女間で差がある**（男子は小・中学校ともやや向上, 小学生女子は横ばい, 中学生女子は低下）。

□**運動習慣・生活習慣・運動意識**……行動規制は緩和されたものの, 運動時間は減っている。

○体育の授業以外の運動時間は, **減少傾向**が続いている。

○運動意識については, 小・中学校男子はコロナ以前より高まっているが, 小・中学校女子は戻っていない。

○肥満の割合, 睡眠時間は, 2022年度に比べ顕著な回復傾向がみられる。コロナ以前の水準には至っていないが, 中学校男子の睡眠時間はコロナ以前を上回った。

○スクリーンタイムは, コロナ以前から引き続き**増加**が続いている。

○朝食を「毎日食べる」割合は, 小・中学校男女ともに**低下**した。

1 調査結果の概要を参照。スポーツ庁のホームページで閲覧できる。

2 握力, 上体起こし, 長座体前屈, 反復横とび, 20mシャトルラン（1500m走）, 50m走, 立ち幅跳び, ソフトボール投げ（ハンドボール投げ）である。カッコ内は中学校。

スクリーンタイム

　平日1日当たりのテレビ, スマートフォン, ゲーム機等による映像の視聴時間。

○「運動が好き」と答えた児童生徒は2022年度との比較で男子は増加し，女子は低下している。

○「体育が楽しい」と答えた児童生徒は，小学校では男子は過去最高，女子は2022年度より低下，中学校では男女とも2022年度より低下した。

□**学校における体力向上の取組**

○体育の授業以外で体力向上の取組を全ての児童生徒に対して実施した学校の割合は，小学校では増加したものの，中学校については減少。

論点はどこ？

　2023年度は，小・中学生の体力がやや回復した。しかし長期的にみると低下の傾向で，その背景として生活習慣の乱れがある。コロナ禍を経て，それがますます顕著になっているようだ。「よく学び，よく遊び，よく食べて，よく寝る」という原点に立ち返る必要がある。スマホやゲームも程々にさせないといけない。

　なお，運動時間の「二極化」傾向を指摘する声もある。する者としない者の格差。家庭環境とリンクした学力格差の問題は認知されているが，運動習慣や体力もこうなっている可能性がある（**体力格差**）。富裕層ほど，学校外での子供のスポーツ実施率が高い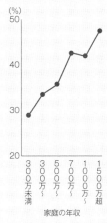。公園でのボール遊びが禁じられるなど，外遊びも容易でない時代だ。学校は放課後や休日に校庭を開放し，子供が思いきり体を動かせる場を提供すべきだ。

3 過去1年間に水泳をしたという小学生の率は，富裕層ほど高い（下図）。スイミングスクールに通うのにも費用がかかる。

（%）

家庭の年収

＊総務省『社会生活基本調査』（2021年）による。

予想問題

2023年度の「全国体力・運動能力，運動習慣等調査」の結果に関する以下の文章のうち，誤っているものはどれか。記号で答えよ。

　ア　体力合計点については，2022年度調査との比較では回復基調であるが，コロナ以前の水準には至っていない。

　イ　体育の授業以外の運動時間は，増加傾向が続いている。

　ウ　運動意識については，小・中学校男子はコロナ以前より高まっているが，小・中学校女子は戻っていない。

　エ　スクリーンタイムは，コロナ以前から引き続き増加が続いている。

正答は56ページ

第2章　予想問題の正答

学校の現状 ……………………………………………………………… p.37
　ウ

小中一貫教育 …………………………………………………………… p.39
　ウ

高大接続改革 …………………………………………………………… p.41
　イ

教育機会確保法 ………………………………………………………… p.43
　①多様　　②状況

特別支援教育 …………………………………………………………… p.45
　①自立　　②教育的ニーズ　　③支援

医療的ケア児支援法 …………………………………………………… p.47
　ウ

発達障害者支援法 ……………………………………………………… p.49
　①社会参加　　②選択　　③共生

全国学力・学習状況調査 ……………………………………………… p.51
　ウ

国際学力調査 …………………………………………………………… p.53
　イ

全国体力・運動能力，運動習慣等調査 ……………………………… p.55
　イ

第3章

子供

生徒指導提要の改訂①

> ここに注目
>
> 12年ぶりに『生徒指導提要』が全面改訂された。重要なのは生徒指導の意義・目的と分類である。生徒指導は全児童生徒を対象とした「支援」であること，3つの階層からなる重層的な営みであることがポイントだ。

　時事の基礎知識

2022年に『生徒指導提要』が改訂された。まずは基礎的な部分からである➡。

□**生徒指導の定義**……生徒指導は，問題行動の取り締まりだけをいうのではない。

> ○生徒指導とは，社会の中で自分らしく生きることができる存在へと児童生徒が，**自発的・主体的に成長や発達する過程を支える教育活動**のことである➡。
> ○なお，生徒指導上の課題に対応するために、必要に応じて指導や援助を行う。

□**生徒指導の目的**……自己実現を支え，自己指導能力を身に付けさせる。

○生徒指導，児童生徒一人一人の**個性**の発見とよさや可能性の伸長と社会的資質・能力の発達を支えると同時に，自己の幸福追求と社会に受け入れられる**自己実現**を支えることを目的とする。
○生徒指導の目的を達成するためには，児童生徒一人一人が**自己指導能力**を身に付けることが重要である。

□**生徒指導の分類**……対象となる児童生徒の観点から3つに分類される。

1 **発達支持的生徒指導**⇒全ての児童生徒の発達を支える。

2 **課題予防的生徒指導**⇒全ての児童生徒を対象とした課題の未然防止教育と，課題の前兆行動が見られる一部の児童生徒を対象とした課題の早期発見と対応を含む。

3 **困難課題対応的生徒指導**⇒深刻な課題を抱えている

➡本テーマの記述は，文部科学省『生徒指導提要（改訂版）』（2022年12月）に基づいている。

➡言い換えると，生徒指導は，児童生徒が自身を個性的存在として認め，自己に内在しているよさや可能性に自ら気付き，引き出し，伸ばすと同時に，社会生活で必要となる社会的資質・能力を身に付けることを支える働きをさす。

特定の児童生徒への指導・援助を行う。

□**生徒指導の分類の整理**……上記の３つのタイプを表にまとめると，以下のようになる。

①発達支持的生徒指導		常態的
②課題予防的生徒指導	課題未然防止教育	先行的❸
	課題早期発見対応	即応的
③困難課題対応的生徒指導		継続的❹

❸ プロアクティブともいう。

❹ リアクティブともいう。

○発達支持的生徒指導と，課題予防的生徒指導の課題未然防止教育は，全ての児童生徒を対象とする**常態的・先行的**なものである。

○課題予防的生徒指導の課題早期発見対応と，困難課題対応的生徒指導は，問題兆候のある児童生徒を対象とする**即応的・継続的**なものである。

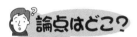 論点はどこ？

生徒指導は，児童生徒の成長や自己実現を支える，「支援」の意味合いが濃い営みである。

全児童生徒の発達を支える**発達支持的生徒指導**や，課題の発現を抑える課題未然防止教育を常日頃から行い，問題兆候が出始めた児童生徒には課題早期発見対応をし，問題が深まった児童生徒には困難課題対応的生徒指導を実施する。今回の『生徒指導提要』の改訂では，このような重層的な概念規定がされているのがポイントである。

予想問題

以下の文章は，改訂された『生徒指導提要』で示されている，生徒指導の３つのタイプについて述べたものである。空欄に適語を入れよ。

○全ての児童生徒の発達を支える（　①　）的生徒指導。

○全ての児童生徒を対象とした課題の（　②　）教育と，課題の前兆行動が見られる一部の児童生徒を対象とした課題の早期発見と対応を含む課題予防的生徒指導。

○深刻な課題を抱えている特定の児童生徒への指導・援助を行う（　③　）的生徒指導。

正答は80ページ

生徒指導提要の改訂②

ここに注目

メディアでも報じられたが，『生徒指導提要』の改訂ポイントは3つある。児童生徒の権利の尊重という大原則に立ち，校則の運用・見直しを行い，不適切な指導は慎むことである。

 時事の基礎知識

　ここでは時流に即した内容を取り上げる。児童生徒の権利，校則，不適切な指導についてである**➡**。

□**児童生徒の権利**……生徒指導を実践する上で，**児童の権利条約**の4つの原則を理解しておくことが大切である。

　①差別の禁止

　②児童の最善の利益

　③生命・生存・発達に対する権利

　④**意見を表明する権利**

□**校則**……運用と見直しについてである。

　○校則の制定に当たっては，**少数派の意見も尊重しつ**つ，児童生徒個人の能力や自主性を伸ばすものとなるように配慮することも必要。

　○校則の内容については，普段から学校内外の者が参照できるように**学校のホームページ等に公開**しておくことや，それぞれの決まりの意義を理解し，児童生徒が主体的に校則を遵守するようになるためにも，制定した背景についても示しておくことが適切である。

　○児童会・生徒会や保護者会といった場において，校則について確認したり議論したりする機会を設けるなど，絶えず積極的に**見直し**を行っていくことが必要**➡**。

□**部活動等における不適切な指導**……たとえ身体的な侵害や，肉体的苦痛を与える行為でなくても，いたずらに**注意や過度な叱責を繰り返す**ことは，児童生徒のストレスや不安感の高まり，自信や意欲の喪失など児童

◆1 前テーマと同じく，本テーマの記述も，文部科学省『生徒指導提要（改訂版）』（2022年12月）に基づいている。

 児童の権利条約

　1989年の国連総会で採択された国際条約。日本は1994年にこの条約を批准している。

◆2 児童生徒に，主権者としての振る舞いを学ばせることにもなる。75ページも参照。

生徒を精神的に追い詰めることにつながりかねない。

> **(不適切な指導と捉えられ得る例)**
> ・大声で怒鳴る，ものを叩く・投げるなどの威圧的，感情的な言動で指導。
> ・児童生徒の言い分を聞かず，事実確認が不十分なまま思い込みで指導。
> ・組織的な対応を全く考慮せず，独断で指導する。
> ・殊更に児童生徒の面前で叱責するなど，児童生徒の尊厳やプライバシーを損なうような指導を行う。
> ・児童生徒が著しく不安感や圧迫感を感じる場所で指導。
> ・他の児童生徒に連帯責任を負わせることで，本人に必要以上の負担感や罪悪感を与える指導。
> ・指導後に教室に一人にする，一人で帰らせる，保護者に連絡しないなど，適切なフォローを行わない。

論点はどこ？

『生徒指導提要』の改訂ポイントは，①児童生徒の権利の理解，②校則の見直し，③不適切な指導の禁止，である。

子供の意見表明権の観点から，校則の制定に際しては少数派の意見も尊重する。外国籍やLGBTなど，児童生徒の背景が多様化しているだけに，この点は重要だ。また意識や価値観の変化が速くなっているので，絶えず見直しを行うことが求められる。その際，児童会・生徒会の題材とし，児童生徒の参画を促してもいい。

体罰でなくとも，過度の叱責等，行き過ぎた（不適切な）指導にも注意したい。これが原因で，子供が自殺する事件も起きている❸。

> ❸ 2022年度より，児童生徒の自殺原因のカテゴリーとして「教職員による体罰，不適切指導」が追加されている（文部科学省『児童生徒の問題行動・不登校等生徒指導上の諸問題に関する調査』）。

予想問題

以下の文章のうち，正しいものはどれか。記号で答えよ。

ア 生徒指導を実践する上で，児童憲章の４つの原則を理解しておくことが大切である。

イ 校則を学校のホームページ等に公開することは控えるべきである。

ウ 指導後に教室に一人にする，一人で帰らせる，保護者に連絡しない等，適切なフォローを行わないことは，不適切な指導と捉えられ得る。

正答は80ページ

少年非行

ここに注目
いつの時代でも，世間の耳目を引くテーマである。まずは非行に関する基礎知識を覚え，最近の実態を把握しよう。集団討論などの際，「最近，少年非行は増えており…」などと，物知り顔で言うことのないように。

時事の基礎知識

法の侵犯行為は犯罪というが，未成年者の場合は**非行**という。

□**非行少年の3類型**……少年法第3条にて，審判に付すべき少年について定められている。

1. **犯罪少年**：罪を犯した**14〜19歳**の少年。
2. **触法少年**：法に触れる行為をした**14歳未満**の少年▶。
3. **虞犯少年**：その性格又は環境に照して，将来，罪を犯し，又は刑罰法令に触れる行為をする虞のある少年。

□**非行少年の数の推移**……「最近，子供が悪くなっている」といわれるが，本当か。刑法犯で検挙された，14〜19歳の犯罪少年数の推移をみてみよう▶。

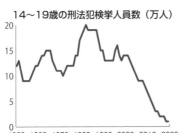

14〜19歳の刑法犯検挙人員数（万人）

○2022年の検挙者数は1万4,887人で，ピーク時（1983年）の13分の1である。少年非行は**減少**している▶。

□**年齢・罪種**……2022年に検挙された14〜19歳刑法犯人員のうち，**16歳**が20.2%と最も多くを占めている。罪種別では，**窃盗犯**が半分を占める（多くが万引き）。

■1 刑事責任を問える最低年齢は14歳なので，14歳未満の場合は犯罪という概念は成立しない。よって，法に「触れる」という言い回しがとられる。

■2 警察庁『2022年中における少年の補導及び保護の概況』より作成。

■3 14〜19歳人口あたりの出現率も，同じようなカーブになる。

□**少年法改正**……2021年5月の法改正により，18〜19歳の非行は厳罰化されている。

○保護更生を理念とする少年法の適用は，引き続き**20歳未満**とする。

○少年事件は家庭裁判所に送致されるが，重大事件は検察に逆送され，成人と同じく刑事裁判にかけられる。逆送の対象を広げ，強盗や不同意性交なども加える。

○検察に起訴（略式は除く）された18〜19歳については，**実名報道**も可能にする**4**。

論点はどこ？

　内閣府の世論調査によると，国民の8割近くが「非行は増えていると思う」と答えたという**5**。しかし統計で分かる事実はその逆で，非行は減っている。悪質化しているのでもなく，凶悪犯の比重も昔に比して小さい。センセーショナルな少年事件報道で，世論がゆがめられているのだろう。これに押されて教育政策が決定・施行されるとしたら，甚だ恐ろしいことだ。

　各種のメディアが発達した社会では，こういう落とし穴があることに注意しないといけない。少年非行の統計は，それを教えてくれる最良の教材である。

4 これまでは実名報道は禁止されてきた。少年の逸脱キャリアが深化し，更生の妨げになるのを防ぐためである。この観点から，実名報道解禁には反対の声も多い。

5 内閣府「少年非行に関する世論調査」（2015年7月）。

予想問題

　少年非行に関する以下の記述のうち，誤っているものはどれか。全て選び，記号で答えよ。

ア　触法少年とは，法に触れる行為をした15歳未満の少年をいう。

イ　2022年に検挙された14〜19歳の刑法犯少年は1万5千人ほどで，戦後最低水準を記録した。

ウ　2022年に検挙された14〜19歳の刑法犯少年では，16歳が最も多い。

エ　2022年に検挙された14〜19歳の刑法犯少年では，暴行や傷害等の粗暴犯が最も多い。

オ　検察に起訴（略式は除く）された18〜19歳については実名報道が可能になった。

正答は80ページ

いじめ防止対策推進法

いじめ防止対策推進法で定められているいじめの定義を覚えよう。空欄補充の問題が非常に多い。本法で定められている，いじめ防止のための，学校や教職員の責務も頻出。第8条や第22条を重点的にみておきたい。

時事の基礎知識

　2013年6月に，**いじめ防止対策推進法**が制定された。いじめ防止に関する初の法律として注目される。頻出条文をみていこう。

□**目的**……この法律は，いじめが，いじめを受けた児童等の**教育を受ける権利**を著しく侵害し➡，その心身の健全な成長及び**人格**の形成に重大な影響を与えるのみならず，その**生命**➡又は身体に重大な危険を生じさせるおそれがあるものであることに鑑み，児童等の**尊厳**を保持するため，いじめの防止等のための対策に関し，基本理念を定め，国及び地方公共団体等の**責務**を明らかにし，並びにいじめの防止等のための対策に関する基本的な**方針**の策定について定めるとともに，いじめの防止等のための対策の基本となる事項を定めることにより，いじめの防止等のための対策を総合的かつ効果的に推進することを目的とする。（第1条）

□**いじめの定義**……最頻出条文である。

> 　「いじめ」とは，児童等に対して，当該児童等が在籍する学校に在籍している等当該児童等と一定の**人的関係**にある他の児童等が行う心理的又は物理的な影響を与える行為（**インターネット**を通じて行われるものを含む➡）であって，当該行為の対象となった児童等が**心身の苦痛**を感じているものをいう。（第2条第1項）

□**基本理念**……いじめの防止等のための対策は，いじめが全ての児童等に関係する問題であることに鑑み，児童等が安心して学習その他の活動に取り組むことができるよう，**学校の内外を問わず**いじめが行われなくなるようにすることを旨として行われなければならな

■ いじめを苦に学校に登校できなくなるなど，被害者の「教育を受ける権利」を侵害する。

■ いじ自殺に象徴されるように，被害者の生命を危機にさらす。

■ 情報化が進んだ現在では，「ネットいじめ」がはびこっている。

い。（第3条第1項）

□**学校と教職員の責務**……学校及び学校の教職員は，基本理念にのっとり，当該学校に在籍する児童等の保護者，地域住民，児童相談所その他の関係者との**連携**を図りつつ，学校全体で**いじめの防止及び早期発見**に取り組むとともに，当該学校に在籍する児童等がいじめを受けていると**思われる**❹ときは，適切かつ**迅速**にこれに対処する責務を有する。（第8条）

□**いじめの防止等に関する措置**……以下の条文が頻出。外部の専門家も入れたチームを作る。

　○学校は，当該学校におけるいじめの防止等に関する措置を実効的に行うため，当該学校の複数の教職員，**心理**，**福祉**等に関する専門的な知識を有する者❺その他の関係者により構成されるいじめの防止等の対策のための**組織**を置くものとする。（第22条）

論点はどこ？

　いじめの防止は，いつの時代でも教育政策の重要な課題であったが，法律まで制定されたのは初のことである。この法律によって，児童等のいじめの禁止が明言され，学校や教職員の責務も法定された。また，カウンセラー等の外部人材を交えた組織を校内に置くことも定められた。

　これまでは個々の教員が問題を抱え込むケースが多かったが，今後は学校全体の**組織的**な取組により，いじめを撲滅していくことが期待される。

❹「思われる」という文言に注意。確証がなくとも，迅速に対処することが求められる。

❺たとえばスクールカウンセラーである。最近では，中学校の8割以上がSCを定期配置している。

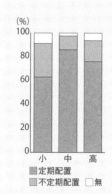

*文部科学省『学校保健統計』（2022年度）

予想問題

以下の文章は，いじめ防止対策推進法でいう「いじめの定義」である。空欄に適語を入れよ。

　「いじめ」とは，児童等に対して，当該児童等が在籍する学校に在籍している等当該児童等と一定の（　①　）にある他の児童等が行う（　②　）又は物理的な影響を与える行為（インターネットを通じて行われるものを含む。）であって，当該行為の対象となった児童等が（　③　）の苦痛を感じているものをいう。

正答は80ページ

第3章　子供

65

★★★ いじめ対策

いじめの防止や早期発見に際して，どのようなことに留意すべきか。いじめはどの学校でも起こりうることなど，公的見解を押さえよう。最新のいじめの統計データも知っておきたい。正誤判定の問題がよく出る。

時事の基礎知識

□**いじめ防止等に関する基本的考え方**……いじめは，どの子供にも，どの学校でも起こりうることを踏まえ，より根本的ないじめの問題克服のためには，**全ての児童生徒を対象としたいじめの未然防止の観点**が重要であり，全ての児童生徒を，いじめに向かわせることなく，心の通う対人関係を構築できる社会性のある大人へと育み，**いじめを生まない土壌**をつくるために，関係者が一体となった継続的な取組が必要である▶。

□**いじめの重大事態**……２つの種類がある▶。

> ①**生命心身財産重大事態**：いじめにより当該学校に在籍する児童等の生命，心身又は財産に重大な被害が生じた疑いがあると認めるとき。
> ②**不登校重大事態**：いじめにより当該学校に在籍する児童等が相当の期間学校を欠席することを余儀なくされている疑いがあると認めるとき▶。

○重大事態は，事実関係が確定した段階で重大事態としての対応を開始するのではなく，**「疑い」が生じた段階で調査を開始**しなければならない。

□**警察との連携**……いじめの中には，まぎれもなく「犯罪」とみなされるものもある。カツアゲは恐喝罪，嫌がることの無理強いは強要罪だ。

○重大ないじめ事案や，いじめが犯罪行為として取り扱われるべきと認められる事案等については，…学校は，いじめが児童生徒の生命や心身に重大な危険を生じされるおそれがあることを十分に認識し，**直ちに警察に相談・通報**を行い，適切に，援助を求めなければならないこと▶。

---

1 文部科学省「いじめの防止等のための基本的な方針」（2017年３月）である。

2 いじめ防止対策推進法第28条第１項による。

3 欠席日数の目安は30日である。

4 文部科学省「いじめ問題への的確な対応に向けた警察との連携等の徹底について」（2023年２月）による。

□**いじめの統計**……最新の2022年度のデータである**⑤**。

1 小・中・高等学校及び特別支援学校における，いじめの認知件数は68万1,948件。前年度より増加。小学校で最も多い

2 いじめを認知した学校の割合は**82.1％**。

3 いじめの発見のきっかけで多いのは，**「アンケート調査など学校の取組により発見」**（51.4％），**「本人からの訴え」**（19.2％）。

4 いじめの態様で多いのは，**「冷やかしやからかい，悪口や脅し文句，嫌なことを言われる」**（57.4％），「遊ぶふりをして叩かれたり，蹴られたりする」（23.4％），「仲間はずれ，集団による無視をされる」（11.7％）。

5 パソコンや携帯電話等を使ったいじめは2万3,920件。いじめの認知件数に占める割合は**3.5％**。

論点はどこ？

近年は，悪質ないじめは積極的に警察に通報することとされている。いわゆる**「ゼロ・トレランス（寛容なき生徒指導）」**だ。教育機関としての学校の役割を放棄してはならないが，重大ないじめ（犯罪行為）については，警察との連携も必要になる。

いじめの発見に際しては，被害者と加害者を取り囲む，人数的に多い**「傍観者」**をいかにして仲裁者や申告者に変えるかがポイントとなる**⑥**。集団の力でいじめを押し潰す土壌を学級内に育みたい。いじめは加害者個人ではなく，集団の病理ともいえる。

⑤ 文部科学省「児童生徒の問題行動・不登校等生徒指導上の諸問題に関する調査」（2022年度）を参照。

⑥ 森田洋司教授の「いじめの4層構造論」では，いじめが起きている学級の構造を，①被害者，②加害者，③観衆，④傍観者，という4層で捉えている。

予想問題

2022年度の小・中・高等学校及び特別支援学校における，いじめの統計に関する以下の記述のうち，正しいものはどれか。記号で答えよ。

ア いじめの認知件数は68万1,948件で，前年度より減少した。

イ いじめ発見のきっかけで最も多いのは「本人からの訴え」である。

ウ いじめの態様で多いのは，「冷やかしやからかい，悪口や脅し文句，嫌なことを言われる」である。

正答は80ページ

★★★ 不登校

不登校の公的な定義と，基本的な統計的事実を押さえよう。不登校児童生徒への支援に関する考え方も重要。「社会的自立」「フリースクール」など，重要タームを覚えよう。論述の問題も予想される。

時事の基礎知識

現在は不登校児童生徒30万人の時代だ➡。支援の考え方や取組の方向も変わってきている。

□**不登校の定義**……文部科学省の統計では，不登校児童生徒を次のように定義している。

> 何らかの**心理的**，情緒的，身体的あるいは社会的要因・背景により，登校しないあるいはしたくともできない状況にあるため**年間30日以上欠席した者**のうち，病気や経済的な理由による者を除いたもの。

□**不登校の要因**……不登校の要因の主たるものは，「**無気力・不安**」（51.8％），「生活リズムの乱れ，あそび，非行」（11.4％），「いじめを除く友人関係をめぐる問題」（9.2％）の順に多い➡。

□**不登校児童生徒への支援の在り方**……2019年の通知➡でいわれている，基本的な考え方を押さえよう。学校に来させることだけが目標ではない。

○不登校児童生徒への支援は，「学校に登校する」という結果のみを目標にするのではなく，児童生徒が自らの進路を主体的に捉えて，社会的に**自立**することを目指す必要があること。

○児童生徒によっては，不登校の時期が休養や自分を見つめ直す等の積極的な意味を持つことがある一方で，学業の遅れや進路選択上の不利益や社会的自立への**リスク**が存在することに留意すること。

○本人の希望を尊重した上で，場合によっては，教育支援センターや不登校特例校，**ICT**を活用した学習支援，**フリースクール**，中学校夜間学級（夜間中学）での受入れなど，様々な関係機関等を活用し社

➡ 42ページのデータを参照。

➡ 文部科学省「児童生徒の問題行動・不登校等生徒指導上の諸問題に関する調査」（2022年度）による。

➡ 文部科学省通知「不登校児童生徒への支援の在り方について」（2019年10月）

会的自立への支援を行うこと**❹**。

○不登校児童生徒への効果的な支援については，学級担任，養護教諭，スクールカウンセラー，スクールソーシャルワーカー等の学校関係者が中心となり，児童生徒や保護者と話し合うなどして，「**児童生徒理解・支援シート**」を作成することが望ましいこと。

○これらの情報は関係者間で**共有**されて初めて支援の効果が期待できる。

□**誰一人取り残されない学びの保障に向けた不登校対策「COCOLO」プラン**……最新の公的文書である。不登校の児童生徒全ての**学びの場**を確保し，学びたいと思った時に学べる環境を整える。

ア）不登校特例校の設置促進。

イ）**校内教育支援センター**の設置促進。

ウ）**教育支援センター**の機能強化。

❹ 自宅でIT等を使った学習をしたり，フリースクールに通ったりした場合，一定の条件を満たせば，指導要録にて出席扱いとされる。

 論点はどこ？

不登校の要因としては，情緒的混乱のような心理要因が大きいだろうが，もっと大きく社会的に考えると，インターネットが普及し学校外で知識を得られるようになったことから，学校に行こうというインセンティブが薄れている。

情報化社会では，学校という四角い建物だけが教育の場であり続けることはできなくなるだろう。当局もこういう認識を持ち始めており，学校以外の場で行われる学習活動の重要性が認識されてきている。不登校を問題行動として捉える枠組みが揺らいでいる。

✎ **校内教育支援センター**

学校には行けるけれど自分のクラスには入れない時や，少し気持ちを落ち着かせてリラックスしたい時に利用できる，学校内の空き教室等を活用した部屋。

✎ **教育支援センター**

児童生徒一人一人に合わせた個別学習や相談などを行う機関。各地域の教育委員会が開設。

予想問題

以下の文章は，文部科学省調査における「不登校」の定義である。空欄に適語を入れよ。

何らかの心理的，（ ① ）的，身体的あるいは社会的要因・背景により，登校しないあるいはしたくともできない状況にあるため年間（ ② ）日以上欠席した者のうち，（ ③ ）や経済的な理由による者を除いたもの。

正答は80ページ

暴力行為

暴力行為の統計は重要。どの種別が最も多いか，どの学校種（学年）で最も多発するか。最新のデータをみておこう。近年の特徴である「低年齢化」についても，自分なりの意見を言えるようにしておきたい。

 時事の基礎知識

昔ほどではないが，学校で暴れる子供がいる。

□**暴力行為の状況**……2022年度の小・中・高等学校の発生状況をみてみよう▶。

1 小・中・高等学校における，暴力行為の発生件数は9万5,426件であり，児童生徒千人あたりの発生件数は7.5件である。前年度より増加。

2 暴力行為の種別をみると，**生徒間暴力**が最も多く，発生件数全体の7割を占める。

3 暴力行為が発生した学校数は1万3,619校，全学校数に占める割合は**39.4%**である。

4 加害児童生徒数は，小学校で4万5,539人，中学校で2万7,916人，高等学校で4,954人。学年別にみると，**中学校1年生で最も多い**⊟。

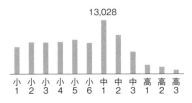

13,028

| 小1 | 小2 | 小3 | 小4 | 小5 | 小6 | 中1 | 中2 | 中3 | 高1 | 高2 | 高3 |

5 加害児童生徒のうち学校により何らかの措置⊟がとられた児童生徒の割合は，小学校は0.1%，中学校は0.9%，高等学校は61.5%。

□**暴力行為の低年齢化**……発生件数の推移をみると，中学校と高等学校では減っているが，**小学校**では増えている。2013年度には，小学校が高等学校を上回り，2018年度には中学校を上回った。暴力の**低年齢化**として，新聞等でも大きく報じられた。

▶ 文部科学省「児童生徒の問題行動・不登校等生徒指導上の諸問題に関する調査」（2022年度）による。

⊟ 心理学的にみても，反抗期の盛りの頃である。

⊟ 「退学，停学，自宅学習，訓告」などである。

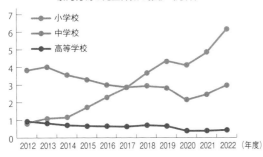

暴力行為の発生件数の推移（万件）

学年別にみると，2012年度から2022年度にかけての増加倍率は，**小学校1年生**で最も高い➡。近年増加している，小1児童の不適応（**小1プロブレム現象**）と対応している。

➡89ページのグラフを参照。

論点はどこ？

全国的に校内暴力の嵐が吹き荒れたのは1980年代初頭，テレビドラマ「3年B組金八先生」が放映されていた頃である。当時に比したら暴力行為はだいぶ減ってきているが，最近の特徴は**低年齢化**していることだ。中学校や高校よりも小学校で多発している。

就学前に集団で群れて遊んだ経験がないなど，幼少期の社会化不全を引きずっているのかもしれない。幼稚園（保育所）と小学校の連携が十分でないことも考えられる。近年の暴力行為の状況は，幼（保）小連携の促進，幼児教育の義務化（無償化）に関わる，大きな問題を提起している。

小1プロブレム

小学校第1学年の児童の不適応状況。東京都の統計調査（2012年）では，次のように定義されている。「入学後の落ち着かない状態がいつまでも解消されず，教師の話を聞かない，指示通りに行動しない，勝手に授業中に教室の中を立ち歩いたり教室から出て行ったりするなど，授業規律が成立しない状態へと拡大し，こうした状態が数ヵ月にわたって継続する状態」。

予想問題

2022年度の小・中・高等学校で発生した，暴力行為に関する以下の記述のうち，誤っているものはどれか。記号で答えよ。

ア　種別をみると，生徒間暴力が最も多い。

イ　加害者の数を学年別にみると，中学校1年生が最も多い。

ウ　2012年度から2022年度にかけて，小・中・高等学校のいずれにおいても発生件数が減少している。

正答は80ページ

子供の自殺予防

ここに注目

子供の自殺防止のポイントは，①SOSの出し方に関する教育，②長期休暇明けの見守り活動，③TALKの原則，である。①を充実することは，自助から共助の社会への転換にもつながる。

 時事の基礎知識

　子供の自殺の統計的傾向を踏まえ，以下に掲げる取組を，長期休業の開始前から長期休業明けの時期にかけて実施する▶。

□**子供の自殺の統計**…傾向がはっきり出ている。

　ア）2022年度の小・中・高校生の自殺者は411人で**過去最多**の水準。

　イ）18歳以下の自殺は，**学校の長期休業明け**にかけて増加する傾向がある。

　ウ）自殺した児童生徒が置かれていた状況は，①家庭不和，②進路問題，③父母等の叱責，の順に多い（2022年度）。

□**学校における早期発見に向けた取組**……ポイントは，SOSの出し方教育だ。

　○各学校において，長期休業の開始前からアンケート調査，教育相談等を実施し，悩みや困難を抱える児童生徒の把握を行うこと。

　○「**SOSの出し方に関する教育**」を含めた自殺予防教育を実施するなどにより，児童生徒自身が心の危機に気づき，身近な信頼できる大人に相談できる力▶を培うとともに，児童生徒が安心して**SOS**を出すことのできる環境の整備に努めること。

□**保護者に対する家庭における見守りの促進**……子供の異変に気付きやすいのは保護者だ。

　○保護者に対して，長期休業期間中の家庭における児童生徒の見守りを行うよう促すこと。

　○保護者が把握した児童生徒の悩みや変化については，積極的に学校に相談するよう，学校の相談窓

▶ 文部科学省「児童生徒の自殺予防に係る取組について」（2023年7月）を参照。

▶ 相談を受ける側は，相手の話をじっくり聞く「傾聴」の姿勢が求められる。

口⑤を周知しておくこと。

□**ネットパトロールの強化**……SNSなどに，自殺をほのめかす書き込みが多々みられる。

○都道府県教育委員会等が実施するネットパトロールについて，**長期休業明け**の前後において，平常時よりも実施頻度を上げるなどしてネットパトロールを集中的に実施すること。

○自殺をほのめかす等の書き込みを発見した場合は，即時に警察に連絡・相談するなどして当該書き込みを行った児童生徒を特定し，当該児童生徒の生命又は身体の安全を確保すること。

□**対応の原則**……TALKの原則というものがある。Tell（声に出して，心配していることを伝える），Ask（死の願望について尋ねる），Listen（絶望の気持ちを傾聴する），Keep safe（安全確保）の4つからなる④。

論点はどこ？

子供の自殺防止として，SOSを出せるようにする教育が重視されている。相談相手は友人であることも多いことから，悩みをじっくり聞く「**傾聴**」のスキルを，児童生徒に教えることとされる。

「恥」の文化があるためか，日本人は他人に助けを求めるのが苦手だ⑤。物価高などで困り果てている人が増えているが，これを機に自助から**共助**の社会への転換を図りたい。学校でのSOS教育は，その基盤を培う上で大きな位置を占める。

③「24時間子供SOSダイヤル」などである。

④文部科学省『教師が知っておきたい子どもの自殺予防マニュアル』（2009年）による。

⑤近年，失業者や自殺者が増えているにもかかわらず，生活保護受給者は増えていない。

予想問題

以下の文章は，子供の自殺予防に関わる文章である。空欄に当てはまる語句や数字を入れよ。

「（　①　）の出し方に関する教育」を含めた自殺予防教育を実施するなどにより，児童生徒自身が心の危機に気づき，身近な信頼できる大人に（　②　）できる力を培うとともに，児童生徒が安心して（　①　）を出すことのできる環境の整備に努めること。

正答は80ページ

校則の見直し

ここに注目

校則はいつの時代でも批判の的だが，最近はそれがとみに強まっている。社会変化の加速化に学校がついていけないためだ。校則を見直す取組も始まっている。その具体例を知っておこう。

時事の基礎知識

　時代錯誤の校則への批判が強まっている。これを受け，校則の見直しを促す通知が出された■。

□**校則の意義**……集団では規則が必要になる。

　○校則は，学校が教育目的を達成するために必要かつ**合理的な範囲内**において定められるものです■。

　○学校教育において，社会規範の遵守について適切な指導を行うことは極めて重要なことであり，校則は**教育的意義**を有しています。

□**指導に際しての配慮事項**……校則を生徒管理の手段としてはいけない。

　○校則に基づき指導を行う場合は，一人一人の児童生徒に応じて適切な指導を行うとともに，児童生徒の内面的な自覚を促し，校則を自分のものとしてとらえ，**自主的に守る**ように指導を行っていくことが重要です。

　○教員がいたずらに規則にとらわれて，規則を守らせることのみの指導になっていないか注意を払う必要があります。

□**見直しの必要性**……社会の変化に追いついていかないといけない。

　○学校を取り巻く社会環境や児童生徒の状況は変化するため，校則の内容は，児童生徒の実情，保護者の考え方，地域の状況，社会の常識，時代の進展などを踏まえたものになっているか，絶えず積極的に**見直さなければなりません**■。

　○校則の内容の見直しは，最終的には教育に責任を負う**校長**の権限ですが，見直しについて，児童生徒が**話し合う機会**を設けたり，PTAにアンケートをし

■文部科学省通知「校則の見直し等に関する取組事例について」（2021年6月）である。本テーマの記述は，この通知に依拠している。

■校則について定めた法令はない。校則を制定する権限は校長にある。

■男女の制服の区分を廃止する学校も出てきている。これなども，時代の変化を反映している。

たりするなど，児童生徒や保護者が何らかの形で参加する例もあるほか，学校の**ホームページに校則を掲載**することで見直しを促す例もあります。

○校則の見直しは，児童生徒の校則に対する理解を深め，校則を自分たちのものとして守っていこうとする態度を養うことにもつながり，児童生徒の**主体性**を培う機会にもなります。

□**若者の社会変革意識**……以下は20代の回答。日本の若者の無気力は，子ども期が校則でがんじがらめにされることと関連していないか❹。

自分の参加で，社会現象は変えられる（%）

日本	33.1
韓国	59.6
アメリカ	71.5
イギリス	63.3
ドイツ	56
フランス	60.3
スウェーデン	48.6

❹ データは，内閣府『我が国と諸外国の若者の意識調査』（2018年）による。校則の見直しに生徒を参加せることは，「悪い所は変えられる」という自信を持たせ，主体性を培うことにつながる。

論点はどこ？

肌着の色まで指定する「ブラック校則（拘束）」。このような細かい管理業務が，教員の過重労働の一因になっているのは何とも情けない。社会の変化のスピードが速まっている中，生徒の意見も取り入れて絶えず校則の見直しを図る必要がある。校則を生徒会の議題にするのは妙案だ。「悪い所は話し合いで変えられる」。実社会のミニチュアの学校で，こういう体験をどれほど持たせられるか。校則を，**主権者教育**の題材にできればしめたものだ。

予想問題

以下の文章は，校則の見直しの取組について述べたものである。空欄に適語を入れよ。

　　校則の内容の見直しは，最終的には教育に責任を負う（　①　）の権限ですが，見直しについて，児童生徒が（　②　）機会を設けたり，PTA にアンケートをしたりするなど，児童生徒や保護者が何らかの形で参加する例もあるほか，学校のホームページに（　③　）を掲載することで見直しを促す例もあります。

正答は80ページ

体罰の禁止

学校現場での体罰が問題化しているが，萎縮してばかりではいけない。法で認められる懲戒・正当行為とそうでない体罰をどう区別するか。その原則を押さえるとともに，当局の通知で示されている具体例を知っておこう。

 時事の基礎知識

　体罰は出題頻度が高い。学校の教員と同様，親の体罰も禁止されることになった。

□**体罰禁止の法的根拠**……**学校教育法第11条**である。この条文は，諳んじることができるようにしよう。

> 校長及び教員は，教育上必要があると認めるときは，文部科学大臣の定めるところにより，児童，生徒及び学生に**懲戒**を加えることができる。ただし，**体罰**を加えることはできない。

□**懲戒と体罰の区別**……懲戒の内容が身体的性質のもの，すなわち，**身体**に対する侵害を内容とするもの（殴る，蹴る等），児童生徒に**肉体的苦痛**を与えるようなもの（正座・直立等特定の姿勢を長時間にわたって保持させる等）に当たると判断された場合は，**体罰**に該当する。

□**体罰の具体例**……以下のような例が示されている➡。

・授業態度について指導したが反抗的な言動をした複数の生徒らの頬を平手打ちする。

・立ち歩きの多い生徒を叱ったが聞かず，席につかないため，頬をつねって席につかせる。

・放課後に児童を教室に残留させ，児童がトイレに行きたいと訴えたが，一切，室外に出ることを許さない➋。

・別室指導のため，給食の時間を含めて生徒を長く別室に留め置き，一切室外に出ることを許さない。

・宿題を忘れた児童に対して，教室の後方で正座で授業を受けるよう言い，児童が苦痛を訴えたが，そのままの姿勢を保持させた。

➊ 文部科学省通知「体罰の禁止及び児童生徒理解に基づく指導の徹底について」（2013年3月）による。

➋ 尿意を我慢させるなど，児童に肉体的苦痛を与えることになる。

□**親権者の体罰禁止，懲戒権の削除**……保護者の体罰も法律で禁止されている。

○児童の親権を行う者は，児童のしつけに際して，体罰❸を加えてはならない。（児童虐待防止法第14条第1項）

○2022年12月に改正された民法では，親権者の**懲戒権**について定めた第822条が削除され❹，新設された第821条で以下のように定められた。

> 親権を行う者は，…監護及び教育をするに当たっては，子の人格を尊重するとともに，その年齢及び発達の程度に配慮しなければならず，かつ，**体罰**その他の子の心身の健全な発達に有害な影響を及ぼす言動をしてはならない。

❸体罰とは，子供の身体に苦痛や不快感を起こす行為で，夕飯を与えない等の行為も含む。

❹懲戒権の規定が，体罰による戒めを許容しているニュアンスを感じさせるためである。

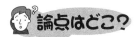 **論点はどこ？**

2013年初頭に起きた大阪の体罰自殺事件以降，学校現場での体罰が問題化している。体罰は問題を「力」で解決する（押さえつける）ことであるが，そのような行いは児童生徒にも伝播し，理性（話し合い）で問題を解決する習性が育たなくなる。これは甚だ恐ろしいことだ。体罰はれっきとした違法行為であるが，教育的観点からも決して行ってはならない。家庭においても，しつけと称して体罰をするのは許されなくなった。

予想問題

以下の行為のうち，体罰と判定されるものはどれか。全て選び，記号で答えよ。

ア　学習課題や清掃活動を課す。

イ　児童が教員の指導に反抗して教員の足を蹴ったため，児童の背後に回り，体をきつく押さえる。

ウ　喧嘩している児童の両肩をつかんで引き離す。

エ　授業中，児童がトイレに行くことを一切許さない。

オ　立ち歩きの多い生徒を叱ったが聞かず，席につかないため，頬をつねって席につかせる。

カ　学校当番を多く割り当てる。

キ　家庭で，夕飯を与えない。

正答は80ページ

携帯電話の取扱い

 学校への携帯電話（スマホ）の持ち込みについて，公的な見解が示された。校種ごとの違いを知っておこう。とくに中学校の規定が重要で，持ち込みを認める一定の条件がどのようなものか押さえよう。

時事の基礎知識

学校への携帯電話（スマホ）の持ち込みについて，公的な見解が示されている▶。

□**背景**……近年，児童生徒への携帯電話の普及が進んでいるとともに，災害時や児童生徒が犯罪に巻き込まれた時などに，携帯電話を**緊急時の連絡手段**として活用することへの期待が高まっていること。

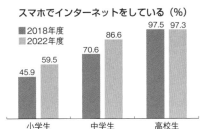

スマホでインターネットをしている（%）
■2018年度
■2022年度

	小学生	中学生	高校生
2018年度	45.9	70.6	97.5
2022年度	59.5	86.6	97.3

○最近では，小学生の6割，中学生の9割，高校生のほぼ全員がスマホを持っている▶。

□**学校種ごとの携帯電話の取扱い**……小・中学校は原則持込み禁止，高校は使用制限である。

○小学校⇒原則持込み禁止とし，個別の状況に応じて，やむを得ない場合は例外的に認める。

○中学校⇒原則持込み禁止とし，個別の状況に応じて，やむを得ない場合は例外的に認める。**一定の条件**を満たした上で，学校又は教育委員会を単位として持込みを認める。

○高等学校⇒校内における使用を制限すべき。

○特別支援学校⇒各学校及び教育委員会において判断。

▶ 文部科学省通知「学校における携帯電話の取扱い等について」（2020年7月）である。

▶ 内閣府『青少年のインターネット利用環境実態調査』（2022年度）による。

□**中学校において持ち込みを認める条件**……中学校では，以下の条件のもとで，持込みを認めてもよいとされる。

①生徒が自らを律することができるようなルールを，学校のほか，生徒や保護者が主体的に考え，協力して作る機会を設けること。

②学校における管理方法や，紛失等のトラブルが発生した場合の責任の所在が明確にされていること。

③フィルタリングが保護者の責任のもとで適切に設定されていること。

④携帯電話の危険性や正しい使い方に関する指導が学校及び家庭において適切に行われていること。

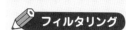

フィルタリング

インターネット上の有害情報を遮断する機能。18歳未満の青少年がスマホ等を契約する場合，業者はフィルタリングの設定が義務付けられている。

論点はどこ？

ケータイ・スマホは，緊急時の連絡手段，ないしは位置情報による居場所特定など，子供の安全確保において大きな機能を果たす。授業においても，各人のスマホから反応を一斉に集めて共有するなど，**全員参加型**の学びに寄与する。最近では，こうした教授・学習用のアプリも開発されている。当局の通知では触れられていないが，授業でのスマホの活用も考えていい。

日本の子供は，ゲームや友人とのコミュニケーションといった用途にしかスマホを使わず，それに振り回されている。主体的・積極的な用途があることに気付かせるべきだ。

予想問題

携帯電話の取扱いをどうするかは，学校種によって異なる。以下のア〜エに当てはまる学校種を答えよ。

ア　校内における使用を制限する。

イ　一定の条件を満たした上で，学校又は教育委員会を単位として持込みを認める。

ウ　原則持込み禁止とし，個別の状況に応じて，やむを得ない場合は例外的に認める。

エ　各学校及び教育委員会において判断する。

正答は80ページ

第3章　予想問題の解答

生徒指導提要の改訂① ································· p.59
　①発達支持　　②未然防止　　③困難課題対応

生徒指導提要の改訂② ································· p.61
　ウ

少年非行 ·· p.63
　ア，エ

いじめ防止対策推進法 ······························· p.65
　①人的関係　　②心理的　　③心身

いじめ対策 ··· p.67
　ウ

不登校 ·· p.69
　①情緒　　②30　　③病気

暴力行為 ·· p.71
　ウ

子供の自殺予防 ······································· p.73
　①SOS　　②相談

校則の見直し ··· p.75
　①校長　　②話し合う　　③校則

体罰の禁止 ··· p.77
　エ，オ，キ

携帯電話の取扱い ····································· p.79
　ア 高等学校　　イ 中学校　　ウ 小学校　　エ 特別支援学校

第4章

学　習

学習指導要領の改訂①

>
> 新学習指導要領では，どのような**資質・能力**を育成することとされているか。３つの資質・能力を押さえよう。①**知識・技能**，②**思考力・判断力・表現力等**，③**学びに向かう力・人間性等**，である。

時事の基礎知識

□**改訂のポイント**……以下の３点が重要である▶。
　ア）子供たちに求められる資質・能力とは何かを社会と共有し，連携する「**社会に開かれた教育課程**」を重視。
　イ）学校全体として，教育内容や時間の適切な配分，必要な人的・物的体制の確保，実施状況に基づく改善などを通して，教育課程に基づく教育活動の質を向上させ，学習の効果の最大化を図る**カリキュラム・マネジメント**を確立。
　ウ）「**主体的・対話的で深い学び**」の視点に立った授業改善を行うことで，学校教育における質の高い学びを実現し，学習内容を深く理解し，資質・能力を身に付け，生涯にわたって能動的（アクティブ）に学び続けるようにする。

□**改訂の枠組み**……以下の６つの点に沿って改訂をする。
　①「何ができるようになるか」（育成を目指す資質・能力）
　②「何を学ぶか」（教科等を学ぶ意義と，教科等間・学校段階間のつながりを踏まえた教育課程の編成）
　③「どのように学ぶか」（各教科等の指導計画の作成と実施，学習・指導の改善・充実）
　④「子供一人一人の発達をどのように支援するか」（子供の発達を踏まえた指導）
　⑤「何が身に付いたか」（学習評価の充実）
　⑥「実施するために何が必要か」（学習指導要領等の理念を実現するために必要な方策）

□**資質・能力の要素**……上記でいわれている「資質・能力」は，３つの柱に分けられる▶。

1 文部科学省「幼稚園教育要領，小・中学校学習指導要領等の改訂のポイント」を参照。

2 中央教育審議会答申「幼稚園，小学校，中学校，高等学校及び特別支援学校の学習指導要領等の改善及び必要な方策等について」（2016年12月）を参照。

1. 何を理解しているか，何ができるか（生きて働く「**知識・技能**」の習得）。各教科等において習得する知識や技能であるが，個別の事実的な知識のみを指すものではなく，それらが相互に関連付けられ，さらに社会の中で生きて働く知識となるものを含むものである。

2. 理解していること・できることをどう使うか（未知の状況にも対応できる「**思考力・判断力・表現力等**」の育成）。将来の予測が困難な社会の中でも，未来を切り拓いていくために必要な思考力・判断力・表現力等である。

3. どのように社会・世界と関わり，よりよい人生を送るか（学びを人生や社会に生かそうとする「**学びに向かう力・人間性等**」の涵養）。1 及び 2 の資質・能力を，どのような方向性で働かせていくかを決定付ける重要な要素である。

☐ **新学習指導要領実施のスケジュール**……小学校は2020年度，中学校は2021年度，高等学校は2022年度から ➌ 全面実施されている。

➌ 高等学校は，2022年度より年次進行で実施された。

論点はどこ？

変動の激しい時代を生き抜くには，知識を覚えるだけでなく，それを問題解決に活用する力，絶えず学び続ける態度の涵養が求められる。新学習指導要領で育成を目指す3つの資質・能力は，この点を踏まえている。これらは，従来型の座学ではなく，児童生徒の能動的な学びで身に付く。そのための戦略が，「**主体的・対話的で深い学び**」だ。

予想問題

以下の記述のうち，誤っているものはどれか。記号で答えよ。

ア　新学習指導要領では，「社会に開かれた教育課程」を重視する。

イ　新学習指導要領で育成する資質・能力の柱の一つとして，「学びに向かう力・人間性等」がある。

ウ　小学校の新学習指導要領は，2021年度から全面実施されている。

正答は104ページ

学習指導要領の改訂②

★★★

前テーマでみた改訂の基本方針，育成すべき資質・能力の理念に基づき，学校種ごとの学習指導要領の内容が一新された。小学校の外国語教育改革，高等学校の教科・科目の再編が重要ポイントだ。

時事の基礎知識

　学習指導要領は，学校の種別ごとに作成される。小・中・高の改訂の目玉ポイントを押さえよう➡。

□**小学校**……外国語教育に関する事項が重要。中学年から外国語活動を行うとある。

○全ての領域をバランスよく育む**教科型**の**外国語教育**を，高学年から導入する➡。「聞くこと」「話すこと」の活動に加え，「読むこと」「書くこと」を加えた領域を扱うためには，年間**70単位時間**程度の時数が必要である。

○中学年から「聞くこと」「話すこと」を中心とした**外国語活動**を行い，高学年の教科型の学習につなげていくこととし，そのためには，年間**35単位時間**程度の時数が必要である。

○各小学校には，その実情等に応じて，**プログラミング教育**を行う単元を位置付ける学年や教科等を決め指導内容を計画・実施していくことが求められる。

□**中学校**……度の過ぎた部活動を改革する。

○部活動については，教育課程の外の**学校教育活動**としての位置付けを維持しつつ，少子化の進展や教員の**負担軽減**の観点を考慮して，将来にわたって持続可能な在り方を検討することが求められる➡。

○学校教育活動の一環として，関係教科等と関連付ける視点，**休養日**や適切な活動時間の設定などバランスのとれた生活や成長への配慮を行うとともに，一定規模の地域単位で運営を支える体制を構築することが不可欠である。

□**高等学校**……教科・科目の再編がなされる。

1 中央教育審議会答申「幼稚園，小学校，中学校，高等学校及び特別支援学校の学習指導要領等の改善及び必要な方策等について」（2016年12月）を参照。

2 高学年の教科に，外国語科が導入された。第5学年と第6学年において，年間70単位時間程度の授業を行う。

3 中学校の部活動を地域に移行するなどの部活動改革については，32～33ページを参照のこと。

○探究の過程を重視した学習に関する評価の在り方等の開発・普及，「キャリア・パスポート」などを活用して，生徒が自らの学習状況やキャリア形成を見通したり，振り返ったりすることができるようにする。

○**地理歴史科**⇒必修科目として「地理総合」と「歴史総合」を設定。選択科目として「地理探究」「日本史探究」「世界史探究」を設定。

○**公民科**⇒必修科目として「公共」を設定。選択科目として「倫理」「政治・経済」を設定。

○**理数科**⇒教科の枠にとらわれない多面的・多角的な視点で事象を捉え，数学や理科における「見方・考え方」を活用しながら探究的な学習を行い，新たな価値の創造に向けて粘り強く挑戦する力の基礎を培う科目❹を設定。

○**外国語科**⇒「英語コミュニケーションⅠ」を必修科目とする。選択科目として「論理・表現Ⅰ，Ⅱ，Ⅲ」を設定。

❹ 探究の進め方等に関する基礎を学ぶ「理数探究基礎」と，自ら課題を設定し探究する「理数探究」で構成。

論点はどこ？

　小学校の外国語教育が早期化され，中学年から外国語活動が実施されている。高等学校の教科・科目も大きく再編された。公民科の必修科目の「公共」は，他者と協働しつつ国家・社会の形成に参画し，持続可能な社会づくりに向けて必要な力を育むことを狙っている。成熟の段階に達した日本社会の状況に即したものだ。教育の方針や内容を決めるのは，社会である。

予想問題

新学習指導要領の改訂内容について述べた以下の文章のうち，正しいものはどれか。

　ア　小学校では，プログラミング教育を行う単元を位置付ける学年や教科等を決め指導内容を計画・実施する。

　イ　小学校中学年から，年間70単位時間程度の外国語活動を行う。

　ウ　高等学校の公民科の必修科目として，「政治・経済」を設定する。

正答は104ページ

学習評価の改善

学習指導には「評価」がつきものであるが，誤解されがちな基本的な考え方を押さえよう。順位づけのような相対評価ではなく個人内評価を重視すること，妥当性・信頼性という専門用語も要注意だ。

時事の基礎知識

出題されるのは，2019年3月の文部科学省通知である▶。3つの柱でみていこう。

□**学習評価の基本的な考え方**……指導と評価は，クルマの両輪である。

○「学習指導」と「学習評価」は学校の教育活動の根幹であり，教育課程に基づいて組織的かつ計画的に教育活動の質の向上を図る「**カリキュラム・マネジメント**」の中核的な役割を担っている。

○指導と評価の一体化の観点から，新学習指導要領で重視している「**主体的・対話的で深い学び**」の視点からの授業改善を通して各教科等における資質・能力を確実に育成する上で，学習評価は重要な役割を担っている。

□**学習評価の主な改善点**……3つの観点を押さえよう。

○各教科等の目標及び内容を「知識及び技能」「思考力，判断力，表現力等」「学びに向かう力，人間性等」の資質・能力の3つの柱で再整理した新学習指導要領の下での指導と評価の一体化を推進する観点から，観点別学習状況の評価の観点についても，これらの資質・能力に関わる「**知識・技能**」「**思考・判断・表現**」「**主体的に学習に取り組む態度**」の3観点に整理して示し，設置者において，これに基づく適切な観点を設定する。

○「学びに向かう力，人間性等」については，「主体的に学習に取り組む態度」として観点別学習状況の評価を通じて見取ることができる部分と観点別学習状況の評価にはなじまず，**個人内評価**等を通じて見

▶「小学校，中学校，高等学校及び特別支援学校等における児童生徒の学習評価及び指導要録の改善等について」と題するものである。

個人内評価

評価の基準を，目標水準（絶対評価）や集団内での位置（相対評価）のような外的なものではなく，当人の過去の成績や他教科の成績といった内的なものに求めるやり方。

取る部分があることに留意する必要がある。

○「主体的に学習に取り組む態度」については，知識及び技能を獲得したり，思考力，判断力，表現力等を身に付けたりすることに向けた粘り強い取組の中で，自らの学習を**調整**しようとしているかどうかを含めて評価する。

□**学習評価の円滑な実施**……評価の方針を事前に児童生徒と共有してもよい。

○学習評価については，**日々の授業**の中で児童生徒の学習状況を適宜把握して指導の改善に生かすことに重点を置くことが重要である。

○個人内評価の対象となるものについては，児童生徒が学習したことの**意義**や**価値**を実感できるよう，日々の教育活動等の中で児童生徒に伝えることが重要であること。

○学習評価の方針を事前に児童生徒と**共有**する場面を必要に応じて設けることは，学習評価の**妥当性**や**信頼性**を高めるとともに，児童生徒自身に学習の**見通し**をもたせる上で重要である。

論点はどこ？

　学習評価というとテストの点数づけをイメージしがちだが，ねらいは子供の理解度を測り，指導の改善に活かすことだ。子供に妙な優越感（劣等感）を植え付けないよう注意する必要がある。主体的に学ぶ態度については，**個人内評価**で見取るとされる。以前と比して当人がどれほど伸びたかだ。伸びた分だけ褒めたたえ，子供に肯定的な自我を持たせるようにしたい。

妥当性

　測定しようとしている内容が，正確に測れているかということ。

信頼性

　同一条件で検査を行った場合，同じ結果が得られるかということ。再現可能性ともいう。

予想問題

学習評価に関する以下の文章の空欄に適語を入れよ。

　指導と評価の一体化を推進する観点から，観点別学習状況の評価の観点についても，これらの資質・能力に関わる「（　①　）・技能」「思考・判断・（　②　）」「（　③　）に学習に取り組む態度」の３観点に整理して示し，設置者において，これに基づく適切な観点を設定する。

正答は104ページ

★★★ 幼保・小の架け橋教育

ここに注目
幼児教育と小学校教育の「架け橋」教育が実施されることになった。その背景について知っておこう。小学校低学年においては，各学校が創意工夫をして，架け橋期のカリキュラムを組むことになる。

 時事の基礎知識

　2023年2月に中央教育審議会は，幼保と小学校の「架け橋教育」の関する審議まとめを公表した **➡**。

□**架け橋教育の必要性**……幼児教育と小学校教育は，他の学校段階等間の接続に比して**様々な違い**を有しており，円滑な接続を図ることは容易でないため，5歳児から小学校1年生の2年間を「架け橋期」と称して焦点を当て，0歳から18歳までの学びの連続性に配慮しつつ，「架け橋期」の教育の充実を図り，生涯にわたる学びや生活の基盤をつくることが重要。

　　　　　　　　↓

　以上をふまえ，6つの施策を推進する。そのうちの3つについてみていく。

□**施策①：架け橋期の教育の充実**……幼児教育施設と小学校は，3要領・指針 **➡** 及び小学校学習指導要領に基づき，幼児教育と小学校教育を円滑に接続することが必要。

○幼児教育施設においては，小学校教育を見通して「主体的・対話的で深い学び」等に向けた資質・能力を育み，小学校においては，幼児教育施設で育まれた資質・能力を踏まえて教育活動を実施。

○幼保小が協働して，「幼児期の終わりまでに育ってほしい姿」**➡** 等を手掛かりとしながら，**架け橋期のカリキュラム**を作成。

□**施策②：幼児教育の特性に関する社会や小学校等との認識の共有**……架け橋期の教育の充実を図るためには，幼児教育の特性について，認識の共有を図ることが必要。

1▶「学びや生活の基盤をつくる幼児教育と小学校教育の接続について〜幼保小の協働による架け橋期の教育の充実」と題するものである。

2▶ 幼稚園教育要領，保育所保育指針，幼保連携型認定こども園教育・保育要領である。

3▶ 上記の3要領・指針で定められている。

○幼児期の遊びを通した学びの特性に関する社会や小学校等との認識の共有が未だ十分ではないため，**遊びを通した学びの教育的意義や効果**の**共通認識**を図る。

○ICTを活用したドキュメンテーションやポートフォリオにより日々の教育実践や子供の学びを「見える化」する。

□**施策③：全ての子供に格差なく学びや生活の基盤を育むための支援**……核家族化や地域の関わりの希薄化に伴い，家庭や地域の教育力が低下し，幼児教育施設の役割が一層重要。

○0歳から5歳の**未就園児も含め**，様々な体験の機会が得られるよう，幼児教育施設が有する専門的な知見や場を地域に提供し，様々な子供の学びの場への参加を推進。

○全ての子供の**ウェルビーイング**を高める観点から，教育課程の編成や指導計画の作成，実施や評価，改善等を行う。

論点はどこ？

　遊びを中心とする幼児教育と，座学が主となる小学校教育の間には段差がある。近年，入学して間もない児童の不適応現象（**小1プロブレム**）🔁が問題になっているが，この落差を越えられないことによるとみられる。そのため，幼保と小の架け橋教育が実施されることになった。いきなり教科縦割りの座学に入るのではなく，幼児期の学びのスタイルと近いカリキュラムをデザインする。**合科的・関連的な指導**がそれである。各学校の裁量が大きいが，高度な専門性が求められる。

🔁71ページでみたように，小学校で暴力行為の件数が増えているが，増加率が高いのは1年生である。以下は，2022年の暴力行為の加害児童数が2012年に比して何倍になったかのグラフだ。1年生では，394人から6,569人に激増している。

小1	16.7倍
小2	11.8倍
小3	7.5倍
小4	5.7倍
小5	4.2倍
小6	2.5倍

予想問題

以下の文章は，幼保と小学校の架け橋教育に関するものである。空欄に当てはまる語句や数字を答えよ。

　（　①　）歳児から小学校1年生の2年間を「（　②　）期」と称して焦点を当て，0歳から18歳までの学びの連続性に配慮しつつ，「（　②　）期」の教育の充実を図り，（　③　）にわたる学びや生活の基盤をつくる。

正答は104ページ

デジタル教科書

ここに注目
デジタル教科書が使用できることになった。①紙の教科書との併用が原則であること，②授業時数の際限なく使用できること，③児童生徒一人一人が使用すること，という留意事項を押さえよう。

時事の基礎知識

　2018年5月の法改正に伴い，デジタル教科書が使用できるようになっている。使用の際の留意点をまとめたガイドラインを読んでみよう●。

□**デジタル教科書の制度化の内容**……次のとおり，一定の基準の下で，必要に応じ，紙の教科書に代えて学習者用デジタル教科書を使用できる。

○新学習指導要領を踏まえた「主体的・対話的で深い学び」の視点からの授業改善など，児童生徒の学習を充実させるために，**教育課程の一部**において，紙の教科書に代えて学習者用デジタル教科書を使用できる●。

○特別な配慮を必要とする児童生徒等に対し，文字の拡大や音声読み上げ等により，その学習上の困難の程度を低減させる必要がある場合には，**教育課程の全部**においても，紙の教科書に代えて学習者用デジタル教科書を使用できる。

○義務教育諸学校については，紙の教科書が無償給与され，学習者用デジタル教科書は**無償給与されない**。

□**デジタル教科書を使用した指導上の留意点**……使用の目的を誤解しないように。

ア）紙の教科書を使用する授業と学習者用デジタル教科書を使用する授業を適切に組み合わせることが重要であること。なお，学習者用デジタル教科書を各教科等の**授業時数の制限なく使用できる**こととなっている。

イ）学習者用デジタル教科書の故障や不具合等が生じ

❶ 文部科学省『学習者用デジタル教科書の効果的な活用の在り方等に関するガイドライン』（2021年3月）である。

❷ 紙の教科書と異なり，デジタル教科書の使用は義務ではない。

る場合に備え，可能な限り予備用学習者用コンピュータを準備しておくとともに，常に**紙の教科書**を使用できるようにしておくこと。

ウ）学習者用デジタル教科書を紙の教科書に代えて使用する授業においては，**児童生徒一人一人**が，それぞれ学習者用デジタル教科書を使用すること。

エ）学習者用デジタル教科書や学習者用デジタル教材を単に視聴させるだけではなく，「主体的・対話的で深い学び」の視点からの授業改善に資するよう活用すること。

オ）学習者用デジタル教科書の使用により，文字を手書きすることや実験・実習等の体験的な学習活動が疎かになることは避けること**❸**。

論点はどこ？

2019年度より**デジタル教科書**が使用できることになった。動画や音声等による学習効果の向上を期待でき，とりわけ特別支援教育の現場で重宝すると思われる。全教科の教科書を薄手のタブレットに収納できることから，今問題になっている「重すぎるランドセル」の問題も解消されるだろう。

これを機に，教育のICT化を推し進めたい。日本の学校では紙のプリントが大量に配られるが，北欧諸国では庶務連絡や教材の配布はネット経由だ**❹**。教員の働き方改革が進まない理由は，こういう所にもある。

❸ 漢字や計算等に関する繰り返し学習や学習内容をまとめる等で書くことが大事な場面では，ノートの使用を基本とする。

❹ 以下のグラフは，学校のサイトで庶務連絡を週に１回以上チェックすると答えた15歳生徒の割合（％）である。日本は，教育のICT化が著しく遅れている。

*OECD「PISA 2018」より作成。

予想問題

デジタル教科書に関する以下の文章のうち，正しいものはどれか。

ア　デジタル教科書は紙の教科書を補うものであるので，いかなる場合であっても，双方を併用しなければならない。

イ　教育の情報化を進める観点から，少なくとも教育課程の一部において，デジタル教科書を必ず使用しなければならない。

ウ　学習者用デジタル教科書は，各教科等の授業時数の際限なく使用できることになっている。

正答は104ページ

小学校教科担任制

小学校の高学年で教科担任制が広がっている。その背景はどのようなものか。対象の教科は，外国語・理科・算数・体育の4つである。今後は，専門性の高い教員の採用も求められる。

時事の基礎知識

小学校高学年から教科担任制が導入されている➡。

□**趣旨・目的**

○教材研究の深化等により，高度な学習を含め，教科指導の専門性を持った教師が多様な教材を活用してより熟練した指導を行うことが可能となり，**授業の質が向上**。児童の学習内容の理解度・定着度の向上と学びの高度化を図る。

○小・中学校間の連携による小学校から中学校への**円滑な接続**（中1ギャップの解消等）を図る。

○複数教師（学級担任・専科教員）による多面的な児童理解を通じた児童の心の安定に資する。

○教師の持ちコマ数の軽減や授業準備の効率化により，学校の教育活動の充実や教師の**負担軽減**に資する。

□**対象学年**

○日常の事象や身近な事柄に基礎を置いて学習を進める小学校における学習指導の特長を生かしながら，中学校以上のより抽象的で高度な学習を見通し，系統的な指導による中学校への円滑な接続を図る必要。

○このような観点から，児童の心身が発達し一般的に抽象的な思考力が高まる段階であり，これに対応して各教科等の学習が高度化する小学校**高学年**から教科担任制を導入できるようにする。

□**対象とする教科**

○教科指導の専門性を持った教師によるきめ細かな指導と中学校の学びに繋がる系統的な指導の充実を図

➡本テーマの記述は，文部科学省報告「義務教育9年間を見通した教科担任制の在り方について」（2021年7月）に依拠している。

る観点から，**外国語，理科，算数及び体育**について優先的に専科指導の対象とすべき教科とすることが適当と考えられる。

○対象教科について専科指導の充実を図る上で，当該教科の専科教員に対し，教科毎の実態・特性を考慮しつつ，例えば，①当該教科の中学校又は高等学校の免許状の保有，②専門性向上のための免許法認定講習の受講・活用，③教科研究会等の活動実績，といった要件を組み合わせるなどして適用することが考えられる。

論点はどこ？

小学校高学年から**教科担任制**が導入されている。ねらいは，中学校の教育との接続を円滑にすること，授業の質の充実を図ることだ。教師も自分の得意な分野に注力できることで，専門職意識の向上が期待される。

専科指導の教科としては，**外国語・理科・算数・体育**が想定されている。**STEAM教育**の充実を念頭に置いたものだが，今後は，これらの分野の専門性が高い教員の採用が求められる。小学校教員就職者の大学時代の専攻をみると，8割が教育で，理学・工学・農学は0.3％しかいない**2**。教員の出身畑はもっと多様化していい。専門性が非常に高い博士号取得教員を，特別枠で採用してもいいだろう。

STEAM 教育

STEM（Science, Technology, Engineering, Mathematics）に加え，芸術，文化，生活，経済，法律，政治，倫理等を含めた広い範囲でAを定義し，各教科等での学習を実社会での問題発見・解決に生かしていくための教科等横断的な学習。

2 文部科学省『学校基本調査』（2023年度）による。

予想問題

以下の文章は，小学校高学年の教科担任制に関するものである。下線部が正しい場合は〇，間違っている場合は正しい語句に直せ。

児童の心身が発達し一般的に抽象的な思考力が高まる段階であり，これに対応して各教科等の学習が高度化する小学校①高学年から教科担任制を導入できるようにする。

教科指導の専門性を持った教師によるきめ細かな指導と中学校の学びに繋がる系統的な指導の充実を図る観点から，②外国語，理科，算数及び③図画工作について優先的に専科指導の対象とすべき教科とすることが適当。

正答は104ページ

政治教育

高校生にも政治的活動が条件付きで認められることになった。その条件に関する正誤判定問題の出題が予想される。校内の活動は原則禁止，校外の活動にしても学業に支障のないようにすること，などが重要である。

時事の基礎知識

　選挙権年齢が20歳から18歳に引き下げられ➡︎，高校生の政治活動等が認められることとなった。

□**校内での政治活動等**……学校内での政治的活動等は原則禁止。文部科学省の通知➡︎は，次のように言う。

　○授業のみならず，生徒会活動，部活動等の授業以外の教育活動も学校の教育活動の一環であり，生徒がその本来の目的を逸脱し，**教育活動の場を利用して**選挙運動や政治的活動を行うことについて，高等学校等は，これを**禁止**することが必要。

　○放課後や休日等であっても，学校の**構内**での選挙運動や政治的活動については，高等学校等は，これを制限又は**禁止**することが必要。

□**校外での政治活動等**……放課後や休日等に**校外**で行う政治的活動等は許されるが，条件が付されている。

　①**違法**なもの，**暴力的**なもの，違法若しくは暴力的な政治的活動等になるおそれが高いものと認められる場合には，高等学校等は，これを**制限又は禁止する**ことが必要。

　②生徒が政治的活動等に熱中する余り，**学業や生活な**どに**支障**があると認められる場合，他の生徒の学業や生活などに支障があると認められる場合，又は生徒間における政治的対立が生じるなどして学校教育の円滑な実施に支障があると認められる場合には，高等学校等は，必要かつ合理的な範囲内で制限又は禁止することを含め，適切に**指導**を行うこと。

　③高等学校等は，生徒に対し，選挙運動は**18歳の誕生日の前日以降**可能となることなど公職選挙法上特

➡︎2022年度から，成年年齢も20歳から18歳に引き下げられている（156～157ページ参照）。

➡︎2015年10月に出された「高等学校等における政治的教養の教育と高等学校等の生徒による政治的活動等について」と題する通知である。

に気を付けるべき事項などについて周知すること❸。

□**主権者教育の推進**……初等中等教育段階では，以下の2点に留意する❹。

○新学習指導要領に示す既存の内容のうち主権者教育に関わる内容相互の関連を図るなど，児童生徒の学習負担にも配慮しつつ**教育課程全体**を通じた指導の充実を図る。

○児童生徒にとって身近な社会である学校生活の充実と向上を図ることを目指す**児童会活動，生徒会活動**やボランティア活動などの活動は主権者としての意識を涵養する上で大変重要であり，これらの活動の充実を図る。

❸ ちなみに公務員は，公職選挙法により選挙運動は禁止されている。また学校等の教員は，児童生徒等に対する教育上の地位を利用して選挙運動をすることができない。

❹ 文部科学省「今後の主権者教育の推進に向けて」（2021年3月）による。

論点はどこ？

選挙権年齢・成年年齢が**18歳**に引き下げられ，政治的活動等が一定の条件付きで認められたことにより，高校生も，社会を動かす主体として振る舞う道が開けたことになる。身体が大きくなっているにもかかわらず，一人前の役割を与えられないことに伴う心的葛藤の解消にもなるだろう。

しかし若さには過ちが伴うのが常で，タガが外れるやいなや暴走しかねない。1960年代の学生運動の過激化が，それを教えている。本テーマでみたような留意事項を踏まえ，主権者教育も充実し，大人が適切な指導を行い，社会性のある政治参画を実践させたい。

予想問題

高校生や教員の政治的活動等に関する以下の記述のうち，**誤っているもの**はどれか。記号で答えよ。

ア 校内の生徒会活動や部活動等，授業以外の教育活動の場を使って，生徒が政治的活動等を行うことは差し支えない。

イ 学校等の教員は，児童生徒等に対する教育上の地位を利用して選挙運動をすることができない。

ウ 高校生が選挙運動を行えるのは，18歳の誕生日の前日以降である。

正答は104ページ

教育の情報化①

ここに注目

「教育の情報化」というフレーズをよく聞くが，それはどのような要素からなるか。情報教育で身に付けさせるべき資質・能力は何か。空欄補充の問題が多いので，しっかり覚えておこう。

時事の基礎知識

2019年12月に文部科学省は『教育の情報化に関する手引き』を公表した。

□**教育の情報化**……情報通信技術の，時間的・空間的制約を超える，**双方向性**を有する，カスタマイズを容易にするといった特長を生かして，教育の質の向上を目指す。以下の3つを支柱とする。

> ①**情報教育**〜子どもたちの情報活用能力の育成。
> ②**教科指導におけるICT活用**〜ICTを効果的に活用した分かりやすく深まる授業の実現等。
> ③**校務の情報化**〜教職員がICTを活用した情報共有によりきめ細かな指導を行うことや，校務の負担軽減等。

○これらの実現において，教員のICT活用指導力➡の向上，学校のICT環境整備，教育情報セキュリティの確保が必要である。

□**情報活用能力**……児童生徒が習得すべき情報活用能力について，もっと掘り下げよう➡。

○「情報活用能力」は，世の中の様々な事象を情報とその結び付きとして捉え，情報及び情報技術を適切かつ効果的に活用して，問題を発見・解決したり自分の考えを形成したりしていくために必要な資質・能力である。

○より具体的に捉えれば，学習活動において必要に応じてコンピュータ等の情報手段を適切に用いて情報を得たり，情報を整理・比較したり，得られた情報を分かりやすく発信・伝達したり，必要に応じて保存・共有したりといったことができる力であり，さらに，このような学習活動を遂行する上で必要と

１ 教員のICT活用指導力は，5つの要素からなる。①教材研究・指導の準備・評価などにICTを活用する能力，②授業中にICTを活用して指導する能力，③児童（生徒）のICT活用を指導する能力，④情報モラルなどを指導する能力，⑤校務にICTを活用する能力，である。

２ 情報活用能力は，各教科等の特質を生かし，教科等横断的な視点から育成する。

なる情報手段の基本的な操作の習得や，**プログラミング的思考**，**情報モラル**等に関する資質・能力等も含むものである。

□**健康面への配慮**……ICTを活用するに際して，子供の健康面への配慮もいる。

○端末を使用する際に良い姿勢を保ち，机と椅子の高さを正しく合わせて，目と端末の画面との距離を**30cm以上**離す。

○長時間にわたって継続して画面を見ないよう，**30分に1回**は，20秒以上，画面から目を離して，できるだけ遠くを見るなどして目を休める。

○画面の反射や画面への映り込みを防止するために画面の角度や明るさを調整する。

○睡眠前に強い光を浴びると，入眠作用があるホルモン「メラトニン」の分泌が阻害され，寝つきが悪くなるため，**就寝1時間前**からはICT機器の利用を控える。

❸ 文部科学省通知『GIGAスクール構想の下で整備された学校における1人1台端末等のICT環境の活用に関する方針』（2022年3月）を参照。

論点はどこ？

日本の生徒のパソコンスキルは諸外国に比して低く，授業でICT機器が使われる頻度も低い（51ページ）。教育の情報化を進める余地は大有りだ。

情報モラルといった態度形成も軽んじてはならない。ネット上での誹謗中傷に対処すべく，発信者情報開示の手続きも簡易化されている。ネットに匿名などないことを生徒に教えよう。

情報モラル

情報社会で適正に活動するための基となる考え方や態度。

予想問題

以下に掲げるのは，教育の情報化を構成する3本柱である。空欄に適語を入れよ。

　ア　情報教育　～　子どもたちの（　①　）の育成。

　イ　教科指導における（　②　）活用　～　（　②　）を効果的に活用した分かりやすく深まる授業の実現等。

　ウ　（　③　）の情報化　～　教職員がICTを活用した情報共有によりきめ細かな指導を行うことや，校務の負担軽減等。

正答は104ページ

教育の情報化②

> 1人1台端末のGIGAスクール構想が注目されている。この構想の概要の空欄補充問題がよく出る。2019年6月から，学校教育の情報化の推進に関する法律も施行されている。第3条を重点的に読もう。

 時事の基礎知識

　前テーマの続きである。注目はGIGAスクール構想で，1人1台端末を実現する。

□**GIGAスクール構想**……1人1台端末を実現する➡。

　○1人1台端末と，**高速大容量の通信ネットワーク**を一体的に整備することで，特別な支援を必要とする子供を含め，多様な子供たちを誰一人取り残すことなく，公正に**個別最適化**され，資質・能力が一層確実に育成できる教育環境を実現する。

　○これまでの我が国の教育実践と最先端のICTの**ベストミックス**を図ることにより，教師・児童生徒の力を最大限に引き出す。

□**学校教育の情報化の推進に関する法律**……基本理念を定めた第3条がよく出る。

　○学校教育の情報化の推進は，**情報通信技術**の特性を生かして，個々の児童生徒の能力，特性等に応じた教育，**双方向性**のある教育（児童生徒の主体的な学習を促す教育をいう。）等が学校の教員による適切な指導を通じて行われることにより、各教科等の指導等において，情報及び情報手段を主体的に選択し，及びこれを活用する能力の体系的な育成その他の知識及び技能の習得等（心身の発達に応じて，基礎的な知識及び技能を習得させるとともに，これらを活用して課題を解決するために必要な**思考力，判断力，表現力**，その他の能力を育み，**主体的**に学習に取り組む態度を養うことをいう。）が効果的に図られるよう行われなければならない。（第1項）

　○学校教育の情報化の推進は，デジタル教科書その他

1 文部科学省『リーフレット：GIGAスクール構想の実現へ』を参照。同省のWebサイト「StuDX Style」にて，先進的な事例が公表されている。

のデジタル教材を活用した学習その他の情報通信技術を活用した学習とデジタル教材以外の教材を活用した学習，体験学習等とを適切に組み合わせること等により，**多様な方法**による学習が推進されるよう行われなければならない。（第2項）

○学校教育の情報化の推進は，全ての児童生徒が，**その家庭の経済的な状況，居住する地域，障害の有無等にかかわらず**，等しく，学校教育の情報化の恵沢を享受し，もって教育の機会均等が図られるよう行われなければならない。（第3項）

○学校教育の情報化の推進は，情報通信技術を活用した学校事務の効率化により，**学校の教職員の負担が軽減され**，児童生徒に対する教育の充実が図られるよう行われなければならない。（第4項）

○学校教育の情報化の推進は，児童生徒による情報通信技術の利用が**児童生徒の健康，生活等に及ぼす影響**に十分配慮して行われなければならない。（第6項）

論点はどこ？

1人1台端末の実現は画期的だ。この政策を単なるバラマキに終わらせないためには，パソコンの必要性を生徒に認識させないといけない**2**。庶務連絡や課題提出もネット経由でするなど，パソコンがなければ学校生活を送れないような環境を醸成すべきだ。現在，各学校に**情報通信技術支援員**（ICT支援員）を設置するよう促されている。こうした人材も，21世紀型の学校をつくるのに不可欠だ。

2 下のグラフは，学校でコンピュータを使って宿題をすることが「週に1回以上ある」と答えた15歳生徒の割合（％）だが，日本は著しく低い。1人1台端末を実現しても，実際に使わせないと意味がない。

*OECD「PISA 2018」

予想問題

以下の文章は，GIGAスクール構想について述べたものである。下線部が正しい場合は○をつけ，誤っている場合は正しい語に直せ。

　①1人2台端末と，高速大容量の通信ネットワークを一体的に整備することで，②特殊な教育を必要とする子供を含め，多様な子供たちを誰一人取り残すことなく，公正に③個別最適化され，資質・能力が一層確実に育成できる教育環境を実現する。

正答は104ページ

食育

「食べるが勝ち」。食育の実践が盛んになっているが，そもそも食育は何を目的とするか。食育基本法や学校給食法の目的の空欄補充問題がよく出る。アレルギー対応の基本的な考え方も要注意。

時事の基礎知識

近年の学校現場では，食育の取組が盛んである。

□**食育基本法**……前文の空欄補充問題がよく出る。

○子どもたちが豊かな人間性をはぐくみ，**生きる力**を身に付けていくためには，何よりも「食」が重要である。…「食」に関する知識と「食」を**選択**する力を習得し，健全な食生活を実践することができる人間を育てる**食育**を推進することが求められている。（食育基本法前文）

○子どもたちに対する食育は，心身の成長及び**人格の形成**に大きな影響を及ぼし，生涯にわたって健全な心と身体を培い豊かな**人間性**をはぐくんでいく基礎となるものである。（同上）

□**学校給食法**……給食は，食の指導に活用できる。

○この法律は，**学校給食**が児童及び生徒の心身の健全な発達に資するものであり，かつ，児童及び生徒の食に関する正しい理解と適切な判断力を養う上で重要な役割を果たすものであることにかんがみ、学校給食及び学校給食を活用した**食に関する指導**の実施に関し必要な事項を定め、もつて学校給食の普及➡充実及び学校における**食育の推進**を図ることを目的とする。（学校給食法第1条）

○栄養教諭が前項前段の指導➡を行うに当たつては、当該義務教育諸学校が所在する**地域の産物**を学校給食に活用することその他の創意工夫を地域の実情に応じて行い，当該地域の食文化、食に係る産業又は自然環境の**恵沢**に対する児童又は生徒の理解の増進を図るよう努めるものとする。（第10条第2項）

➡ 義務教育諸学校では，学校給食の実施に努めることとされる。（学校給食法第4条）

➡ 学校給食を活用した，食に関する指導である。

□**食物アレルギー対応**……以下の点に留意する**❸**。

○ 食物アレルギーを有する児童生徒にも，給食を提供する。そのためにも，**安全性**を最優先とする。

○ 食物アレルギー対応委員会等により組織的に行う。

○「学校のアレルギー疾患に対する取り組みガイドライン」に基づき，医師の診断による「**学校生活管理指導表**」の提出を必須とする。

○ 安全性確保のため，原因食物の**完全除去対応**（提供するかしないか）を原則とする。

○ 学校及び調理場の施設設備，人員等を鑑み無理な（過度に複雑な）対応は行わない。

○ 教育委員会等は食物アレルギー対応について一定の方針を示すとともに，各学校の取組を支援する。

❸ 文部科学省『学校給食における食物アレルギー対応指針』（2015年）による。

論点はどこ？

「**食**」は人間の基本的な営みであるが，近年ではこれが疎かにされつつある。朝食欠食率は上昇傾向。塾通いの子供が，夕食をファストフードで済ますのは日常茶飯事。これでは頭が訓練されても，体は蝕まれる一方だ。子供の肥満率の増加**❹**は，こうした歪みの表れだ。

現在では，学校において「食」に関する指導を体系的に実施しなければならなくなっている。子供は学習者である前に「**生活者**」だ。生活から遊離した，机上の知識は意味をなさない。生活の根幹である「食」をコアにして，カリキュラムを再編するのもいいかもしれない。

❹ たとえば10歳の肥満児の割合をみると，1977年度では5.9%だったが，2022年度では12.5%に増えている（文部科学省『学校保健統計』）。

予想問題

食物アレルギーへの対応に関する以下の文章のうち，誤っているものはどれか。記号で答えよ。

ア 食物アレルギーを有する児童生徒は弁当持参とし，給食は提供しない。

イ 食物アレルギーを有する児童生徒については，医師の診断による「学校生活管理指導表」の提出を必須とする。

ウ 安全性確保のため，原因食物の完全除去対応（提供するかしないか）を原則とする。

正答は104ページ

キャリア教育

 キャリア教育とは何か。それは，どのような力の育成を目指すか。基礎的・汎用的能力の4要素は重要である。キャリア教育は早期から始まり，キャリア・パスポートを活用しつつ，自身の成長の自覚を促す。

時事の基礎知識

　出題される資料は，2011年1月の中央教育審議会答申「今後の学校におけるキャリア教育・職業教育の在り方について」である。重要個所をみていこう。

□**キャリア教育の概念**……まずは概念である。

> ○**キャリア教育**とは，「一人一人の社会的・職業的自立に向け，必要な基盤となる能力や態度を育てることを通して，**キャリア発達**を促す教育」をいう。
> ○キャリア教育は，特定の活動や指導方法に限定されるものではなく，**様々な教育活動**を通して実践されるものであり，一人一人の発達や社会人・職業人としての自立を促す視点から，学校教育を構成するための理念と方向性を示すものである。

□**社会的・職業的自立や社会・職業への円滑な移行に必要な力**……以下の図が頻出。基礎的・汎用的能力の4本柱を押さえよう。

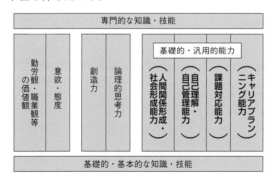

□**キャリア・パスポート**……学校では，キャリア・パスポートを作成・活用する➡。

✏️ **キャリア発達**

　社会の中で自分の役割を果たしながら，自分らしい生き方を実現していく過程。

➡ 定義は，文部科学省『キャリア・パスポートの様式例と指導上の留意事項』（2019年3月）を参照。

○「キャリア・パスポート」とは，児童生徒が，小学校から高等学校までのキャリア教育に関わる諸活動について，特別活動の学級活動及びホームルーム活動を中心として，各教科等と往還し，自らの学習状況やキャリア形成を見通したり振り返ったりしながら，自身の変容や成長を**自己評価**できるよう工夫された**ポートフォリオ**のことである。

○なお，その記述や自己評価の指導にあたっては，教師が**対話的**に関わり，児童生徒一人一人の目標修正などの改善を支援し，個性を伸ばす指導へとつなげながら，学校，家庭及び地域における学びを自己の**キャリア形成**に生かそうとする態度を養うよう努めなければならない。

ポートフォリオ

学習の過程で作成したメモ，資料，教師とのやり取りの記録，自己評価，テストなどをファイルしたもの。画家がメモや作品をしまい込む折りカバン（ポートフォリオ）に似ていることから，このように呼ばれる。

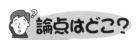

論点はどこ？

学校卒業者の無業問題が深刻化している中，**キャリア教育**の重要性が増している。目的もなく（受験を通るための）勉強ばかりして，大学を卒業する間際になって，「さて将来何になるか」と考えるのでは遅すぎる。幼少期より，学校の勉強と併行して，自分が将来社会の中で果たすべき役割について考えさせ，それを実践する機会を設けないといけない。それを組織化・体系化した営みが，キャリア教育に他ならない。今の子供は，昔に比して身体は大きくなっている。社会的役割をもっと与えてもよい。

予想問題

キャリア教育に関する次の文章のうち，正しいものはどれか。記号で答えよ。

ア キャリア教育は，一定又は特定の職業に従事するために必要な知識，技能，能力や態度を育てる教育をいう。

イ 基礎的・汎用的能力の要素の一つとして，キャリアプランニング能力がある。

ウ 「キャリア・パスポート」は，児童生徒が，中学校から高等学校までのキャリア教育に関わる諸活動を行う際に作成・活用する。

正答は104ページ

📖 第4章　予想問題の解答

学習指導要領の改訂① ································· p.83
　ウ

学習指導要領の改訂② ································· p.85
　ア

学習評価の改善 ····································· p.87
　①知識　　②表現　　③主体的

幼保・小の架け橋教育 ······························· p.89
　①5　　②架け橋　　③生涯

デジタル教科書 ····································· p.91
　ウ

小学校教科担任制 ··································· p.93
　①○　　②○　　③体育

政治教育 ··· p.95
　ア

教育の情報化① ····································· p.97
　①情報活用能力　　② ICT　　③校務

教育の情報化② ····································· p.99
　①1人1台端末　　②特別な支援　　③○

食育 ··· p.101
　ア

キャリア教育 ····································· p.103
　イ

第5章

家　庭

認定こども園

ここに注目

就学前教育・保育を行う施設として，認定こども園が創設された。従来の幼稚園や保育所とどう違うか。それには，どのようなタイプがあるか。乳幼児がいる保護者に，説明できるようにしよう。

時事の基礎知識

　幼稚園と保育所の長所を併せ持つ，認定こども園ができている**➡**。

□**認定こども園とは**……**教育・保育を一体的に行う施設**で，幼稚園と保育所の両方の良さを併せ持っている施設。以下の2つの機能を果たす。

　ア）就学前の子どもに**幼児教育・保育**を提供する機能。保護者が働いている，いないにかかわらず受け入れて**➡**，教育・保育を一体的に行う機能。

　イ）地域における**子育て支援**を行う機能。すべての子育て家庭を対象に，子育て不安に対応した相談活動や，親子の集いの場の提供などを行う機能。

□**認定こども園のタイプ**……以下の4つがある。地域の実情や保護者のニーズに応じて選択可能。

　1 幼保連携型⇒幼稚園的機能と保育所的機能の両方の機能を併せ持つ単一の施設として，認定こども園としての機能を果たすタイプ**➡**。

　2 幼稚園型⇒認可幼稚園が，保育が必要な子どものための保育時間を確保するなど，保育所的な機能を備えて認定こども園としての機能を果たすタイプ。

　3 保育所型⇒認可保育所が，保育が必要な子ども以外の子どもも受け入れるなど，幼稚園的な機能を備えることで認定こども園としての機能を果たすタイプ。

　4 地方裁量型⇒幼稚園・保育所いずれの認可もない地域の教育・保育施設が，認定こども園として必要な機能を果たすタイプ。

　2022年4月1日時点でみると，認定こども園は9,220園ある。そのタイプの内訳は以下。幼保連携型

1 本テーマの記述は，こども家庭庁ホームページ「認定こども園概要」を参考にしている。

2 保育所は，「保育を必要とする乳児・幼児を日々保護者の下から通わせて保育を行うことを目的とする施設」である（児童福祉法第39条第1項）。受け入れの条件は，保護者が働いていることである。

3 幼保連携型の認定こども園は，学校・児童福祉施設の両方の法的位置づけを持つ。

が7割を占める。

70.2%	14.2%	14.7%	0.9%

■ 幼保連携型　■ 幼稚園型　■ 保育所型　■ 地方裁量型

□**認定基準**……職員資格については，次のように定められている➡。

	幼稚園教諭免許	保育士資格
幼保連携型	併有している**保育教諭**を配置	
その他（満3歳以上）	併有が望ましい	
その他（満3歳未満）	不要	必要

➡ 教育・保育の内容は，幼保連携型は「幼保連携型認定こども園教育・保育要領」，幼稚園型は「幼稚園教育要領」，保育所型は「保育所保育指針」に基づくこととされる。
　また，小学校との円滑な接続に配慮することとある。小1プロブレム（71ページ参照）が問題化している中，この点は重要である。

論点はどこ？

　以前は，就学前教育・保育を行う施設は，幼稚園と保育所に分かれていた。どちらも一長一短があり，「幼保一元化」の必要がいわれていた。このほど，双方の長所を兼ね備えた「**認定こども園**」が創設されたことにより，それが実現される運びとなった。幼稚園教諭免許と保育士資格を併有する**保育教諭**という職員が新設されたことも重要だ。

　この施設は，保護者の就業の有無を問わず，全ての幼児を受け入れる。費用についても，3〜5歳児は一律無償だ。幼児教育の無償義務教育化という展望も，いよいよ開けてきたことになる。しかし，乳幼児期までを「学校化」していいのかという懸念もある。

予想問題

　認定こども園に関する以下の記述のうち，**誤っているもの**はどれか。記号で答えよ。

ア　保育所型の認定こども園は，就業している保護者の子どものみを受け入れ対象とする。

イ　2022年4月1日時点の統計でみると，認定こども園の中では，幼保連携型が最も多い。

ウ　幼保連携型の認定こども園の認定条件は，幼稚園教諭免許状と保育士資格を併有する保育教諭を配置することである。

正答は126ページ

こども家庭庁・こども基本法

こども関連の政策を担う，こども家庭庁が創設された。この機関はどのような任務を任うか。こども基本法でいわれている，こども施策の基本理念と絡めて知っておこう。家庭の役割を重視する方向には異論も出ている。

 時事の基礎知識

こども関連の政策を一元的に担う➡「**こども家庭庁**」ができ，**こども基本法**という法律もできている。「こどもまんなか社会」の支柱となるものである。

□**こども家庭庁の任務**……こども家庭庁設置法第3条で言われていることである。

○こども➡が自立した個人としてひとしく健やかに成長することのできる社会の実現に向け，子育てにおける家庭の役割の重要性を踏まえつつ，こどもの年齢及び発達の程度に応じ，その意見を尊重し，その**最善の利益**を優先して考慮することを基本とし，こども及びこどものある家庭の**福祉の増進及び保健の向上**その他のこどもの健やかな成長及びこどものある家庭における子育てに対する支援並びにこどもの権利利益の擁護に関する事務を行うことを任務とする。

□**こども施策の基本理念**……こども基本法第3条で定められている。

1）全てのこどもについて，**個人として尊重される**こと・基本的人権が保障されること・差別的取扱いを受けることがないようにすること。

2）全てのこどもについて，適切に養育されること・生活を保障されること・愛され保護されること等の福祉に係る権利が等しく保障されるとともに，教育基本法の精神にのっとり**教育を受ける**機会が等しく与えられること。

3）全てのこどもについて，年齢及び発達の程度に応じ，自己に直接関係する全ての事項に関して**意見を**

1▶教育関連の施策は，引き続き文部科学省の管轄におかれる。

2▶心身の発達の過程にある者をいう。

表明する機会・多様な社会的活動に参画する機会が確保されること。

4）全てのこどもについて，年齢及び発達の程度に応じ，意見の尊重，**最善の利益**が優先して考慮されること。

5）こどもの養育は家庭を基本として行われ，父母その他の**保護者が第一義的責任を有する**との認識の下，十分な養育の支援・家庭での養育が困難なこどもの養育環境の確保。

6）家庭や子育てに夢を持ち，子育てに伴う喜びを実感できる社会環境の整備。

論点はどこ？

従来の縦割りを脱した，こども政策の専門庁ができたことは歓迎されたが，当初の名称「こども庁」が「こども家庭庁」に変わったことに異論が出ている。

こどもの生活の基盤は家庭で，家庭を単位として権利保障を行おうと意図だが，**家庭が善とは限らない**。家族関連の悩みを抱える子は多いし，児童虐待の加害者の95％は親だ。最近では「毒親」「**親ガチャ**」という言葉も生まれた。家庭の役割をあまり強調しないほうがいい。昔と比べて家族サイズは縮まり，職住分離が進行し，働く女性（母親）も増えている。こういう構造変化を考えないで家族信仰を振りかざすのは危険だ。こどもを一個人として尊重すること，社会全体でこどもを育てる構えが求められる**⮕**。

⮕ 以下のグラフは，就学前の幼児の世話は誰がすべきかと問うた結果である。日本人の77％は家族と答えるが，スウェーデン人の83％は政府と答える（ISSP「家族と性役割の変化に関する調査」2012年）。

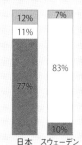

*18歳以上の国民の回答。

予想問題

以下の文章は，こども家庭庁の任務について述べたものである。空欄に適語を入れよ。

こどもの年齢及び発達の程度に応じ，その（ ① ）を尊重し，その（ ② ）を優先して考慮することを基本とし，こども及びこどものある家庭の（ ③ ）の増進及び保健の向上その他のこどもの健やかな成長及びこどものある家庭における子育てに対する支援並びにこどもの権利利益の擁護に関する事務を行う。

正答は126ページ

★★★ こども未来戦略

こども未来戦略が策定された。3つの基本理念と、それを実現するための目玉政策を押えよう。多子世帯の子の大学学費は無償となり、就労の有無に関係なく、どの家庭も保育所等を使えるようになる。

時事の基礎知識

　こども家庭庁による「こども施策」は、こども未来戦略にて示されている。基本理念と目玉政策について知っておこう➡。

□**基本理念**…3つ挙げられている。

ア）**若い世代の所得を増やす**：若い世代が「人生のラッシュアワー」と言われる学びや就職・結婚・出産・子育てなど様々なライフイベントが重なる時期において、現在の所得や将来の見通しを持てるようにする。

イ）**社会全体の構造・意識を変える**：これまで関与が薄いとされてきた企業➡や男性、さらには地域社会、高齢者や独身者を含めて、皆が参加して、社会全体の構造や意識を変えていく。

ウ）**全てのこども・子育て世帯を切れ目なく支援する**：親の就業形態にかかわらず、どのような家庭状況にあっても分け隔てなく、ライフステージに沿って切れ目なく支援を行い、多様な支援ニーズにはよりきめ細かい対応をしていく。

□**高等教育費負担の軽減**…こどもを2人、3人大学に行かせるのは非常に大変だ。そこで…

○2025年度から、**多子世帯の学生等については授業料等を無償**とする措置を講ずる。

○**授業料後払い**制度について、まずは、2024年度から修士段階の学生を対象として導入した上で、本格導入に向けた更なる検討を進める。

□**こども誰でも通園制度**…保護者の就労の有無に関係なく、どの家庭も保育所等を利用できるようにする。

１▶ 2023年12月に公表された「こども未来戦略（案）」による。

２▶ 企業は働き方改革、長時間労働の是正、育児休業を取りやすい職場づくりに取り組む。

○月一定時間までの利用可能枠の中で，就労要件を問わず時間単位等で柔軟に利用できる新たな通園給付（**こども誰でも通園制度**）を創設する。

○対象は0歳6か月から2歳までの子で，利用時間は月10時間までとする。

□**こども・子育て支援金**…上記の諸施策の費用を賄うべく，医療保険の保険料と一緒に国民から徴収する。

○負担の額は，1人あたり月500円ほどの見込み。

○**歳出改革と賃上げ**によって実質的な社会保険負担軽減の効果を生じさせ，その範囲内で支援金制度を構築することにより，実質的な負担が生じないこととする。

論点はどこ？

　こどもはカネのかかる存在だ。幼少期から各種の習い事をさせる同調圧力が強まり，20歳過ぎまで何らかの学校教育を受けさせることが一般化している。東京23区では，子育て世帯の半分近くが年収1000万以上で**3**，こどもは「ぜいたく品」になってしまったかのようだ。

　政府の支援策も厚みを増してきたが，**少子化対策**という点では，すでに結婚・出産している家庭のみならず，**若者全体**を対象にしないといけない。一昔前と違い，今の若者にとっては，結婚・出産は「高嶺の花」となりつつある。「若い世代の所得を増やす」という理念が，こども未来戦略で明記されたのは意義あることだ。

3▶東京23区の「夫婦と子の世帯」（世帯主が30代）の年収分布は，以下のようになっている。

1000万以上	46.8
900万〜	9.1
800万〜	10.5
700万〜	10.4
600万〜	6.8
500万〜	8.9
400万〜	5.3
300万〜	1.3
300万未満	0.8

＊単位は％。
＊総務省『就業構造基本調査』（2022年）より作成。

予想問題

こども未来戦略に示された施策に関する以下の文章のうち，正しいものはどれか。

ア　2025年度から，一人親世帯の学生等については，高等教育機関の授業料等を無償とする措置を講ずる。

イ　こども誰でも通園制度の対象となるのは，0歳6か月から2歳までの子で，利用時間は月20時間までとする。

ウ　こども・子育て支援金は，医療保険の保険料と一緒に国民から徴収される。

正答は126ページ

高等学校等就学支援金制度

2014年度より高等学校等就学支援金制度が施行されている。2010年度より施行の旧制度との相違点，支給される支援金の額，ならびにその用途など，制度の細かい部分まで知っておきたい。

 時事の基礎知識

□**制度の趣旨・概要**……2014年度から**高等学校等就学支援金制度**が施行されている🔽。

1. **目的**：授業料に充てるための就学支援金を支給することにより，高等学校等における教育に係る経済的負担の軽減を図り，もって教育の実質的な**機会均等**に寄与する。

2. **概要**：国公私立問わず，高等学校等に通う一定の収入額未満（年収約910万円未満）🔽の世帯の生徒に対して，**授業料**に充てるため，国において高等学校等就学支援金を支給。

3. **効果**：2010年度より施行の高校無償化政策により，経済的理由による中途退学者数は大きく減じている（公立高校）。下に手厚い新制度の施行により，さらなる効果が期待される。

□**支給額**……支給限度額（月額）は以下の通り。人数的に多い公立高校全日制の場合，**月額9,900円**である。

	国立	公立	私立
全日制	9,600 円	**9,900 円**	9,900 円
定時制	－	2,700 円	9,900 円
通信制	－	520 円	9,900 円
中等教育学校後期課程	9,600 円	9,900 円	9,900 円
特別支援学校高等部	400 円	400 円	9,900 円

□**私立高校の特例**……学費が高い私立高校については，支援がさらに手厚い。

○私立高校の場合，年収約590万円未満🔽の家庭については，授業料に充てるため，月額3万3000円（年

🔹 本テーマの記述は，文部科学省「高等学校等就学支援金制度概要」を参考にしている。

🔹 年収910万円未満とは，両親のどちらかが働き，高校生の子1人，ないしは高校生の子と中学生以下の子が1人ずついる世帯の収入基準である。この額は，親の就労状況や子の数によって異なる。

🔹 脚注②で記した世帯の場合である。収入基準は，親の就労状況や子の数によって異なる。

額39万6000円）が支給される。

○だが，これでも授業料の全額には足りず，私立高校では授業料を滞納する家庭が見受けられる。

□**高校生等奨学給付金**……生活保護受給世帯等の場合，授業料の補助だけでは足りない。こうした低所得世帯に対し，授業料以外の教育費に充てるための給付金を支給する制度である。以下は年額である。

	国・公立高校	私立高校
生活保護受給世帯	3万2,300円	5万2,600円
非課税世帯の第1子（全日制）	11万7,100円	13万7,600円
非課税世帯の第2子以降（全日制）	14万3,700円	15万2,000円

論点はどこ？

　経済的理由により高校を中途退学する生徒の存在が問題化し，2010年度より高校無償化政策が施行され，2014年度より施行の新制度では「下」に手厚い制度設計に変更された。高校は義務教育ではないが，高校進学率が100％近い現在では，国民の「共通教育」機関としての性格を色濃くしている。この段階までの教育機会の**「実質的」平等**は公的に保障されねばならない。

　都市部では私立校も多いが❹，私立では支援の額が足りないという指摘もある。私立校も公教育の一翼を担っていることに因み，東京都や大阪府のように，私立高校の授業料を完全無償化する自治体も出てきた。私立には富裕層が多いが，経済的に厳しい家庭の生徒もいる。所得制限をつけ，後者に手厚い支援をする制度を広げていくのがいいだろう。

❹ 全日制の高校生の私立生徒比率が高い県を挙げると，以下のようになる。東京では，6割が私立の生徒である。

東京都	59.4%
京都府	48.7%
大阪府	46.6%
福岡県	44.1%
熊本県	38.1%
静岡県	38.0%
神奈川県	37.2%
鹿児島県	37.0%
山形県	36.7%
広島県	36.3%
千葉県	36.0%

＊文科省『学校基本調査』（2023年度）

予想問題

高等学校等就学支援金制度に関する以下の文章のうち，正しいものはどれか。

　ア　目的は，高等学校教育の形式的な機会均等に寄与することである。

　イ　公立高校全日制の場合，支給月額の限度額は9,600円である。

　ウ　私立高校の場合，世帯の収入に応じて，加算支給がなされる。

正答は126ページ

幼児教育・高等教育の無償化

「教育費が高すぎる」という批判に応え，幼児教育と高等教育の費用が無償化されることになった。ただし，対象や無償化される範囲は限定されている。制度概要を知り，生徒や保護者に情報提供できるようにしよう。

時事の基礎知識

　幼児教育と高等教育の費用が無償化されることになった。制度の概要を知っておこう。

□**幼児教育・保育の無償化**……3〜5歳は一律無償，0〜2歳は低所得世帯に限って無償になる**➡**。

○幼稚園，保育所，認定こども園等を利用する**3歳から5歳まで**の全ての子供たちの利用料を無償化。無償化の期間は，満3歳になった後の4月1日から小学校入学前までの3年間とする。

○0歳から2歳までの子供たちについては，**住民税非課税世帯**を対象として利用料が無償化。

○幼稚園，保育所，認定こども園に加え，**地域型保育も同様に無償化の対象となる。**

○認可外保育施設等については，3歳から5歳までの子供たちは月額**3.7万円**まで，0歳から2歳までの住民税非課税世帯の子供たちは月額**4.2万円**までの利用料が無償化される。

□**高等教育の無償化**……住民税非課税世帯の学生の学費がほぼ無償になる**➡**。

○大学・短期大学・高等専門学校・専門学校において，**授業料等減免制度を創設する。**

○対象は，住民税非課税世帯，それに準ずる世帯の学生とする。

○住民税非課税世帯の学生の場合，免除の上限額（年額）は次ページの表のようである。年収300万未満の世帯は住民税非課税世帯の3分の2，年収300万以上380万未満の世帯は3分の1の額が免除される**➡**。

➡内閣府「幼児教育・保育の無償化」を参照。

➡文部科学省「高等教育の修学支援新制度」を参照。

➡子が2人の場合である。年収の目安は，子の数や年齢によって異なる。

	国公立		私立	
	入学金	授業料	入学金	授業料
大学	28万円	54万円	26万円	70万円
短大	17万円	39万円	25万円	62万円
高専	8万円	23万円	13万円	70万円
専門学校	7万円	17万円	16万円	59万円

○支援対象者の選定については，高等学校在学時の成績だけで否定的な判断をせず，レポートの提出や面談等により本人の学習意欲や進学目的等を確認する。大学等への進学後は，その学習状況について厳しい要件を課し，これに満たない場合には支援を打ち切る。

論点はどこ？

増税で得られる財源を教育振興に充てるのは結構だが，優先順位を誤っているのではないか，という懸念もある。幼児教育の費用が無償になる一方で，保育士の給与は低いままだ（幼稚園はもっと酷い）。これでは保育士のなり手が増えず，待機児童問題も解消しないだろう。無償にしても，入れなければどうしようもない。富裕層の優遇にもなりかねない一律無償化よりも，保育士や幼稚園教員の待遇 ➍ を改善し，待機児童問題の解消や，教育・保育の「質」の担保に重点を置くべきではないだろうか。高等教育の無償化にしても，低所得層の救済という性格が強く，中間層に支援が届かない設計になっている ➎ 。

➍ 保育士や幼稚園教員の給料は，すこぶる低い。小学校段階以降との落差が大きすぎる。

教員給与の段階比較

	平均月収（万円）	月収20万未満率（%）
保育所	26.1	14.1
幼稚園	23.7	36.0
小学校	32.3	6.1
中学校	33.5	5.1
高校	35.7	3.0

＊2022年の厚労省・文科省統計による。

➎ 年収の目安を超えていても，多子世帯や理学・工学・農学系の学部で学ぶ学生は，支援の対象に含める制度改正について議論されている。

予想問題

以下の文章は，幼児教育・高等教育の無償化について述べたものである。正しいものはどれか。

ア　3歳から5歳までの全ての子供たちの幼稚園，保育所，認定こども園の費用を無償化する。

イ　大学・短期大学・高等専門学校・専門学校の授業料等減免の対象となるのは，住民税非課税世帯の学生のみである。

ウ　国立大学においては，全学生の授業料を無償にする。

正答は126ページ

奨学金

★ ★ ★

奨学金は，教育の機会均等を実現する上で，重要な位置を占めている。進路選択を控えた高校生に，この制度の概要を説明できるようにしよう。新たに導入された給付型奨学金制度の概要も知っておこう。

時事の基礎知識

読者の中にも，奨学金を借りて学んでいる人がいるだろう。給付型奨学金の創設など，制度は充実してきている🔶。

□**給付型奨学金**……高等教育の無償化に伴い，給付型奨学金も拡充されることになった🔶。

　A）**対象**：住民税非課税世帯，それに準ずる世帯の学生とする。

　B）**給付額**：住民税非課税世帯の場合，年間の給付額は以下のとおりである。

		自宅	自宅外
国公立	大学・短大・専門学校	35万円	80万円
国公立	高等専門学校	21万円	41万円
私立	大学・短大・専門学校	46万円	91万円
私立	高等専門学校	32万円	52万円

　　年収300万未満の世帯は住民税非課税世帯の**3分の2**，年収300万以上380万未満の世帯は**3分の1**の額を支給する🔶。

　C）**支援対象者の要件**：成績だけで否定的な判断をせず，レポートの提出や面談等により本人の学習意欲や進学目的等を確認する。

□**貸与型奨学金**……対象者の数は，こちらが圧倒的に多い。家計が厳しくなっていることから，奨学金の貸与を受ける学生が増加している🔶。

　A）**種類・対象**：無利子の第一種と，有利子の第二種がある。対象は，大学，短大，大学院，高等専門学校（第二種は4～5年生），専修学校専門課程の学生である。

🔶 文部科学省「高等教育の修学支援新制度」を参照。

🔶 年収の目安は，世帯構成や子の数によって異なる。

🔶 奨学金の貸与を受けている学生は，1998年度では50万人だったが，2022年度では123万人に膨れ上がっている。増分の多くは第二種である（下図）。

貸与人員（万人）

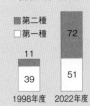

■ 第二種
□ 第一種

	72
11	
39	51
1998年度	2022年度

B) **貸与月額**：第一種は，学校の設置主体や通学形態によって異なる。大学生の場合，以下のように定められている◪。単位は万円である。

	自宅	自宅外	
国公立	2.0, 3.0, 4.5	2.0, 3.0, 4.0, 5.1	学生が選択
私立	2.0, 3.0, 4.0, 5.4	2.0, 3.0, 4.0, 5.0, 6.4	学生が選択

☐**所得連動返還型奨学金**……前年の**所得**に応じて返還月額が決定する制度。無利子奨学金の貸与を受ける者は，従来の「定額返還方式」と「**所得連動返還方式**」のどちらかの返還方式を選択できる（第一種）。

◪ 大学生の第二種奨学金の貸与月額は，2～12万円（1万円刻み）である。

論点はどこ？

教育基本法では，教育の機会均等原則が定められている。それを具現するための代表的施策が奨学金制度であるが，我が国ではそれは「名ばかり」で，実質は返済義務のあるローンだ。大学生の多くが，数百万円の借金（有利子）を背負って社会に出ていく事態になっている。これがもとで，生活に破綻をきたす者も少なくない。そこで，返済義務のない**給付型奨学金**が導入されることになった◱。

最近，「＊＊すれば奨学金返済免除」という政策をよく聞くが，奨学金という借金のカタに，若者の人生を国が管理・統制するシステムもできつつある。こういう問題にも注意せねばなるまい。

◱ 卒業後，一定の年収に達したら返還を開始させる「出世払い」方式の奨学金の導入についても議論されている。

予想問題

奨学金に関する以下の文章のうち，正しいものはどれか。

ア 給付型奨学金の対象は，年収が低い世帯で，具体的には住民税非課税世帯に限られる。

イ 大学生の第一種奨学金の貸与月額は，国立大学の自宅外生の場合，5万4,000円と6万4,000円のいずれかから選択する。

ウ 2022年度のデータでみると，奨学金の貸与人員は第一種より第二種のほうが多い。

正答は126ページ

★ ★ ★

子どもの貧困対策

ここに
注目

子どもの貧困対策の推進に関する法律の第1条の空欄補充問題がよく出る。教育の支援，生活安定の支援，職業生活の支援，経済的支援という，4つの支援の区別をつけておこう。

時事の基礎知識

子どもの貧困は深刻な状況にある。これを解決するため，法律と大綱が制定されている。

□**法律**……2013年6月，**子供の貧困対策の推進に関する法律**が制定された■。

○この法律は，子どもの現在及び将来がその生まれ育った環境によって左右されることのないよう，全ての子どもが心身ともに健やかに育成され，及びその**教育の機会均等**が保障され，子ども一人一人が夢や希望を持つことができるようにするため，子どもの貧困の解消に向けて，**児童の権利に関する条約**の精神にのっとり，子どもの貧困対策に関し，基本理念を定め，国等の責務を明らかにし，…子どもの貧困対策を総合的に推進することを目的とする。（第1条）

○子どもの貧困対策は，社会のあらゆる分野において，子どもの年齢及び発達の程度に応じて，その意見が尊重され，その**最善の利益**■が優先して考慮され，子どもが心身ともに健やかに育成されることを旨として，推進されなければならない。（第2条第1項）

○子どもの貧困対策は，**子ども等に対する教育の支援，生活の安定に資するための支援，職業生活の安定と向上に資するための就労の支援，経済的支援**等の施策を旨として，…推進されなければならない。（第2条第2項）

□**大綱**……2019年11月に，子供の貧困対策に関する大綱が策定された。教育の支援について掘り下げよう。

○学校を地域に開かれた**プラットフォーム**と位置付け

■ この法律は2019年6月に改正されている。

■ 児童の権利に関する条約第3条においても，児童に関するあらゆる措置は，児童の最善の利益を考慮することとされる。

て，**スクールソーシャルワーカー**が機能する体制づくりを進めるとともに，…苦しい状況にある子供たちを早期に把握し，支援につなげる体制を強化する。

○**家庭環境や住んでいる地域に左右されず**，学校に通う子供の学力が保障されるよう■，少人数指導や習熟度別指導，放課後補習等の個に応じた指導を行うため，教職員等の指導体制を充実し，きめ細かな指導を推進する。

○子供が学校において安心して過ごし，悩みを教職員に相談できるよう，多様な視点からの**教育相談体制**の充実を図る。

論点はどこ？

子どもの貧困を嘆いているだけではダメで，その解決に向けた具体的なアクションを起こさないといけない。法律では4つの支援（教育の支援，生活安定の支援，就労の支援，経済的支援）について定められている。

自己責任の風潮が強い日本では，3番目の保護者の就労支援ばかりが重視されがちだが，他の3つの支援にも力を入れねばならない。高等教育の修学支援や給付型奨学金の導入など，事態は改善されつつあるが，こうした改革を推し進める余地はまだまだある■。

■ 東京都内49区市の子供の学力は，親年代の大卒率と強く相関している。

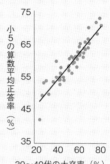

小5の算数平均正答率（％）

30〜40代の大卒率（％）

＊「国勢調査」（2020年），都教委『児童生徒の学力向上を図るための調査』（2019年）。

■ 日本の公的教育費支出の対GDP比は3.0%で，OECD加盟国の中では2番目に低い（2020年）。

予想問題

以下の文章は，子どもの貧困対策の推進に関する法律の第1条である。空欄に適語を入れよ。

この法律は，子どもの現在及び将来がその生まれ育った（　①　）によって左右されることのないよう，全ての子どもが心身ともに健やかに育成され，及びその（　②　）の機会均等が保障され，子ども一人一人が夢や希望を持つことができるようにするため，子どもの貧困の解消に向けて，（　③　）に関する条約の精神にのっとり，子どもの貧困対策に関し，基本理念を定め，国等の責務を明らかにし，及び子どもの貧困対策の基本となる事項を定めることにより，子どもの貧困対策を総合的に推進することを目的とする。

正答は126ページ

★ ★ ★

児童虐待

ここに注目

児童虐待が社会問題になっている。まずは，相談件数の統計でみた実態を押さえよう。虐待防止の取組については，2つの柱があることに注意。最近では，児童相談所等の初期対応の権限が強化されている。

時事の基礎知識

悲惨な虐待事件の報道には胸が痛む。**児童虐待**の問題を冷静に捉えてみよう。

□**児童虐待の現状**……児童相談所が対応した児童虐待の相談件数は，2000年度では1万7,725件だったが，2022年度では**21万9,170件**にまで膨れ上がっている ➡。

□**児童虐待防止の取組**……以下の2つに分けられる。こども家庭庁の解説による。毎年11月は，児童虐待防止推進月間である。

　1 **発生予防**：妊娠・出産・子育てに関する相談がしやすい体制の整備や，地域の子育て支援サービスの充実を図る（子育て世代包括支援センターを設置）。

　2 **発生時の迅速・的確な対応**：こどもや保護者に関する情報の交換や支援内容の協議を行う場として，**要保護児童対策地域協議会**（こどもを守る地域ネットワーク）の設置を促進。

□**児童福祉法の改正**……2022年6月に，改正児童福祉法が成立している。児童虐待関連の改正内容をみよう。虐待をしている親から子を引き離す「一時保護」に関する規定である。

　ア）一時保護所の設備・運営基準を策定して一時保護所の環境改善を図る。児童相談所による支援の強化として，民間との協働による親子再統合の事業の実施や，**里親支援センター**の児童福祉施設としての位置づけ等を行う。

　イ）児童相談所等は入所措置や一時保護等の際に児童の最善の利益を考慮しつつ，児童の意見・意向を勘案して措置を行うため，**児童の意見聴取**等の措置を

➡ 厚生労働省『福祉行政報告例』による。虐待相談件数の激増は，児童虐待に対する社会的関心が高まり，積極的に相談・通告する機運が高まっているためである。

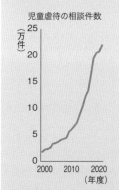

児童虐待の相談件数

講ずる。

ウ）児童相談所が一時保護を開始する際に，親権者等が同意した場合等を除き，事前又は保護開始から7日以内に裁判官に**一時保護状**を請求する等の手続を設ける**2**。

エ）児童にわいせつ行為を行った保育士の**資格管理の厳格化3**を行うとともに，ベビーシッター等に対する事業停止命令等の情報の公表や共有を可能とする。

2 司法審査という。却下された場合，一時保護は解除しなければならない。

3 日本版DBSと関わる。25ページを参照。

論点はどこ？

児童虐待の相談件数は年々うなぎ上りに増え，2022年度では21万件を突破した。新聞では「虐待の件数が過去最悪に」などと報じられるが，この数字が増えるのは悪いことではない。人々の道徳意識が鋭敏になったことの証だ。

初期対応がまごつき，悲惨な事件に発展するケースが続発していることから，緊急時の対応も強化されている。立入調査による安否確認，必要とあらば一時保護も躊躇なく実施する。教員も，虐待被害の兆候のある子供を見かけたら，積極的に通告することが望まれる**4**。親のクレームを恐れ，委縮してはいけない。

宗教2世の虐待被害への関心も高まっている。断食の強制や結婚・進路の制限といった「**信仰を理由にした行為**」も，児童虐待に当たり得る。こういう見解を，政府が示したところだ。

4 教員は児童虐待を発見しやすい立場であることにかんがみ，虐待の早期発見義務を課されている（児童虐待防止法第5条）。

予想問題

児童虐待に関する以下の記述のうち，正しいものはどれか。記号で答えよ。

ア 児童相談所が対応した児童虐待の相談件数は，2022年度では5万件ほどである。

イ 毎年10月は，児童虐待防止月間とされている。

ウ 児童相談所が一時保護を開始する際は，親権者等が同意した場合等を除き，事前又は保護開始から7日以内に裁判官に一時保護状を請求する。

教育と福祉の連携

ここに注目 教育と福祉の連携が志向されている。放課後等デイサービスといった言葉を知っておこう。これに家庭を加えた三角形（トライアングル）の体制で，子供の育ちを切れ目なく支えていくことになる。

 時事の基礎知識

2018年5月，文部科学省は教育と福祉の連携を求める通知を出した➡。

□**総論**……子供の育ちは，様々な機関の連携で支えられるべきである。

○教育と福祉の連携については，保育所，幼稚園，認定こども園，小学校，中学校，義務教育学校，高等学校，中等教育学校，特別支援学校等と児童発達支援事業所，**放課後等デイサービス事業所**等との相互理解の促進や，保護者も含めた情報共有の必要性が指摘されているところであり，各地方自治体において，教育委員会や福祉部局の主導のもと，支援が必要な子供やその保護者が，乳幼児期から学齢期，社会参加に至るまで，地域で**切れ目ない支援**が受けられる支援体制の整備が求められている。

○特に，**発達障害者支援**については，発達障害者支援法の一部を改正する法律が2016年8月から施行されており，「個々の発達障害者の性別，年齢，障害の状態及び生活の実態に応じて，かつ，医療，保健，福祉，教育，労働等に関する業務を行う関係機関及び民間団体相互の**緊密な連携**の下に，その意思決定の支援に配慮しつつ，切れ目なく行われなければならない」➋とされている。

□**教育と福祉の連携の促進**……通知では，家庭・教育・福祉を連携させる「**トライアングル・プロジェクト**」が掲げられている。以下は，教育と福祉の連携を促す方策である。

ア）教育委員会と福祉部局，学校と障害児通所支援事

➊「教育と福祉の一層の連携等の推進について」と題するものである。

✎ **放課後等デイサービス**

就学している障害児につき，授業の終了後又は休業日に児童発達支援センターその他の施設に通わせ，生活能力の向上のために必要な訓練，社会との交流の促進その他の便宜を供与すること（児童福祉法第6条の2の2）。障害児の学童保育ともいわれる。

➋第2条の2第3項である。48〜49ページも参照。

業所等との関係構築の「場」の設置。各地方自治体において，教育委員会と福祉部局が共に主導し，「連絡会議」などの機会を定期的に設けるよう促す。

イ）学校の教職員等への障害のある子供に係る福祉制度の周知。

ウ）学校と障害児通所支援事業所等との連携の強化。

□**保護者支援の推進**……保護者への支援も強化する。

ア）保護者支援のための相談窓口の整理**🔎**。

イ）保護者支援のための情報提供の推進。支援に係る情報や相談窓口が一目で分かるような，**保護者向けハンドブック**を作成し，周知するよう促す。

ウ）保護者同士の交流の場等の促進。保護者同士の交流の場を設けるピアサポートの推進や専門的な研修を受けた障害のある子供を持つ保護者（**ペアレントメンター**）の養成及びペアレントメンターによる相談支援を実施すること。

エ）専門家による保護者への相談支援。

論点はどこ？

子供の育ちは，学校外の医療，福祉，労働といった様々な部門との連携で支えられるべきものだ。発達障害児や外国籍の子など，児童生徒の背景が多様化してくる中，こうした協働はますます重要になる。

各種の支援制度について，保護者に正確な情報を分かりやすく提供することも不可欠だ。生活保護一つをとっても，誤った考えがはびこっており**🔎**，制度の利用が妨げられている。

🔎 保健所，発達障害者支援センター，児童発達支援センター等である。

🔎 住居がないと申請できない，財産をゼロにしてからでないと申請できない，といったものである。

予想問題

家庭・教育・福祉を連携させる「トライアングル・プロジェクト」において，教育と福祉の連携を促す方策として挙げられているものはどれか。

ア　専門家による保護者への相談支援。
イ　学校と障害児通所支援事業所等との連携の強化。
ウ　保護者支援のための情報提供の推進。
エ　保護者同士の交流の場等の促進。

123

★★★

ヤングケアラー

ここに注目

ヤングケアラーの存在が注目されている。定義とデータでみた現状を把握し，公的に掲げられている支援策を押さえよう。「ヤングケアラー」という言葉を周知させることも必要だ。

時事の基礎知識

ヤングケアラー（幼き介護者）の存在がクローズアップされてきている。

□**定義**……まずは定義と実態である。

○ヤングケアラーとは，「本来大人が担うと想定されている家事や家族の世話などを日常的に行っている児童」をいう。

○世話をしている家族が「いる」と回答した子どもは，中学2年生で**5.7%**，全日制高校2年生で**4.1%**となっている➡。

□**今後取り組むべき施策**……①早期発見・把握，②支援策の推進，③社会的認知度の向上，の3つである。以下，順に中身を見ていく➡。

□**早期発見・把握**……福祉・介護・医療・教育等関係機関，専門職やボランティア等へのヤングケアラーに関する研修・学ぶ機会の推進。

□**支援策の推進**……福祉へとつなげ，ヘルパーの派遣等も考えられる。

○**悩み相談支援**：支援者団体によるピアサポート等の悩み相談を行う地方自治体の事業の支援を検討（SNS等オンライン相談も有効）。

○**関係機関連携支援**：

ア）多機関連携によるヤングケアラー支援の在り方についてモデル事業・マニュアル作成を実施（就労支援を含む）。

イ）福祉サービスへのつなぎなどを行う専門職や窓口機能の効果的な活用を含めヤングケアラーの支援体制の在り方を検討。

■1 三菱UFJリサーチ＆コンサルティング「ヤングケアラーの実態に関する調査研究」（2021年3月）による。

■2 文部科学省『ヤングケアラーの支援に向けた福祉・介護・医療・教育の連携プロジェクトチーム報告』（2021年5月）を参照。

○**教育現場への支援**：スクールソーシャルワーカー等の配置支援。民間を活用した学習支援事業と学校との情報交換や連携の促進。

○**適切な福祉サービス等の運用の検討**：子どもを「介護力」とすることなく，居宅サービス等の利用について配意するなどヤングケアラーがケアする場合のその家族に対するアセスメントの留意点等について地方自治体等へ周知。

○**幼いきょうだいをケアするヤングケアラー支援**：幼いきょうだいをケアするヤングケアラーがいる家庭に対する支援の在り方を検討❸。

□**社会的認知度の向上**……ヤングケアラーという言葉自体，あまり知られていない。

○2022年度から2024年度までの3年間をヤングケアラー認知度向上の「集中取組期間」とし，当面は中高生の認知度5割を目指す。

❸ ヤングケアラーがいる家庭にヘルパーを派遣する方針を打ち出している自治体も多い。

論点はどこ？

家族の世話は子どもの人間形成に寄与するが，度が過ぎると，子どもらしい暮らしを奪われたり，勉学に支障が出たりする。共稼ぎ世帯の増加や晩産化の進行により，今後，幼き介護者は増えてくるだろう。本テーマでみたような支援策を充実させ，子育てを「社会化」させることが必要だ。加えて，当の子ども自身の自覚も促さないといけない❹。自分の困難な状況を認識させ，SOSをしっかりと出させる。学校では，それを受け止め福祉へとつなげることだ。

❹ 脚注1の資料によると，中高生の8割が「ヤングケアラー」という言葉を聞いたことすらないという。

予想問題

ヤングケアラーに関する以下の文章のうち，正しいものはどれか。

ア ヤングケアラーとは，本来大人が担うと想定されている家事や家族の世話などを日常的に行っている児童をいう。

イ 世話をしている家族が「いる」と回答した子どもは，中学2年生で4.1％と報告されている。

ウ ヤングケアラーの名称や概念の社会的認知度は高い。

正答は126ページ

第5章　予想問題の正答

認定こども園 ……………………………………………… p.107
　ア

こども家庭庁・こども基本法 ……………………………… p.109
　①意見　　②最善の利益　　③福祉

こども未来戦略 …………………………………………… p.111
　ウ

高等学校等就学支援金制度 ……………………………… p.113
　ウ

幼児教育・高等教育の無償化 …………………………… p.115
　ア

奨学金 ……………………………………………………… p.117
　ウ

子どもの貧困対策 ………………………………………… p.119
　①環境　　②教育　　③児童の権利

児童虐待 …………………………………………………… p.121
　ウ

教育と福祉の連携 ………………………………………… p.123
　イ

ヤングケアラー …………………………………………… p.125
　ア

第6章

地　域

コミュニティ・スクール

保護者や地域住民からなる学校運営協議会の委員は，どのようにして選ばれるか。どのような権限を持つか。地方教育行政法の法規定を押さえよう。2017年の法改正により，学校運営協議会の設置は努力義務になっている。

時事の基礎知識

　地域住民が学校運営に参画する，**コミュニティ・スクール制度**の概要を押さえよう➡。

□**趣旨**……コミュニティ・スクールとは，**学校運営協議会制度**を導入した学校をいう。

　○コミュニティ・スクール（学校運営協議会制度）は，**学校と地域住民等**が力を合わせて学校の運営に取り組むことが可能となる「地域とともにある学校」への転換を図るための有効な仕組みである。

□**機能**……3つの機能がある。

　①校長が作成する学校運営の基本方針を承認する。

　②学校運営について，教育委員会又は校長に意見を述べることができる。

　③教職員の任用に関して，教育委員会規則に定める事項について，教育委員会に意見を述べることができる。

□**法的根拠**……地方教育行政法第47条の5である。委員は，地域住民や児童・生徒の保護者から任命する。

　○教育委員会は，その所管に属する学校ごとに，当該学校の運営及び当該運営への必要な支援に関して協議する機関として，**学校運営協議会を置くように努めなければならない。**（第1項）

　○学校運営協議会の委員は，次に掲げる者について，**教育委員会が任命する。**（第2項）

　ア）対象学校の所在する地域の住民

　イ）対象学校に在籍する生徒，児童又は幼児の保護者

　ウ）社会教育法に規定する**地域学校協働活動推進員**その他の対象学校の運営に資する活動を行う者

▶ 本テーマの記述は，文部科学省『コミュニティ・スクールのつくり方』（2019年10月）を参考にしている。

✎ 地域学校活動協働推進員

　教育委員会の施策に協力して，地域住民等と学校との間の情報の共有を図るとともに，地域学校協働活動を行う地域住民等に対する助言その他の援助を行う者。

エ）その他当該教育委員会が必要と認める者

○対象学校の校長は，当該対象学校の運営に関して，教育課程の編成その他教育委員会規則で定める事項について基本的な方針を作成し，当該対象学校の学校運営協議会の**承認**を得なければならない。（第4項）

○学校運営協議会は，**対象学校の運営**に関する事項について，教育委員会又は校長に対して，意見を述べることができる。（第6項）

○学校運営協議会は，**対象学校の職員の採用**その他の任用に関して教育委員会規則で定める事項について，当該職員の任命権者に対して意見を述べることができる。（第7項）

論点はどこ？

かつてデューイは，学校を「陸の孤島」と表現したが，現在では地域社会との橋がかけられるようになっている。それが，ここでみたコミュニティ・スクール制度である❷。

部外者が学校運営に口出ししてくるのを快く思わない教員もいるようだが，それではいけない。外部への**説明責任**を果たし，保護者や地域住民の意向を取り入れた学校運営が求められる時代だ❸。保護者や地域住民の側は，エゴ丸出しのモンスターペアレンツになって学校運営をかき乱すようなことは，慎まねばならない。

❷ 全国の学校の52.3%（18,135校）がコミュニティ・スクールを導入している。（2023年5月時点）

❸ 学校運営協議会委員は「非常勤（特別職）の地方公務員」として一定の権限を有し，学校と対等な立場で協議を行うことができる。

予想問題

コミュニティ・スクール制度について述べた以下の文章のうち，**誤っているものはどれか。**

ア　コミュニティ・スクール制度の法的根拠は，地方教育行政法第47条の5である。

イ　対象学校に在籍する児童・生徒の保護者は，学校運営協議会の委員にはなれない。

ウ　学校運営協議会は，対象学校の運営に関する事項について，教育委員会又は校長に対して，意見を述べることができる。

正答は148ページ

人権教育

★ ★ ★

ここに注目
教科としての位置づけはないが，人権教育は学校教育活動全体を通じて行うこととなっている。最近の教育政策や国際社会の動向（SDGs等）をみると，人権教育の必要性がよく分かる。

 時事の基礎知識

人権教育の最新情勢についてまとめた，文部科学省の資料を読んでみよう➡。

□**人権教育の総合的な推進**……人権教育は，学校の教育活動全体を通じて行う。育てる資質・能力は３つの側面に分かれる。

○人権教育は，**学校の教育活動全体**を通じて推進することが大切であり，そのためには，人権尊重の精神に立つ学校づくりを進め，人権教育の充実を目指した教育課程の編成や，人権尊重の理念に立った生徒指導，人権尊重の視点に立った**学級経営**等が必要である。

○人権教育を通じて育てたい資質・能力について，**知識的側面，価値的・態度的側面，技能的側面**の３つの側面から捉えているが，人権感覚を育成する基礎となる価値的・態度的側面と技能的側面については，児童生徒が自ら主体的に，学級の他の児童生徒とともに学習活動に参加し，協力的に活動し，体験することを通して初めて身に付く。

○人権教育の指導方法の基本原理として，児童生徒の「協力」「参加」「体験」を中核に置き，「**協力的な学習**」「**参加的な学習**」「**体験的な学習**」を行う。

□**国際社会の主な動向**……有名なSDGsの中にも，人権に関わるものが含まれている。

○2015年には，国連サミットで「**持続可能な開発のための2030アジェンダ**」が採択されている。これは，「**誰一人取り残さない**」持続可能で多様性と包摂性のある社会の実現を目指すものである。

■ 文部科学省『人権教育の指導方法等の在り方について［第三次とりまとめ］補足資料』（2021年3月）である。

 人権感覚

人権の価値やその重要性にかんがみ，人権が擁護され，実現されている状態を感知して，これを望ましいものと感じ，反対に，これが侵害されている状態を感知して，それを許せないとするような，価値志向的な感覚。

○その前文では，「すべての人々の**人権を実現**」する
とされているほか，本文でも「我々は，人権，人の
尊厳，法の支配，正義，平等及び差別のないことに
対して普遍的な尊重がなされる世界を思い描く」，
「我々は，**世界人権宣言**及びその他人権に関する国
際文書並びに国際法の重要性を確認する。我々は，
すべての国が**国連憲章**に則り，人種，肌の色，性
別，言語，宗教，政治若しくは信条，国籍若しくは
社会的出自，貧富，出生，障害等の違いに関係な
く，すべての人の**人権と基本的な自由**の尊重，保護
及び促進責任を有することを強調する」など，人権
に関する様々な内容が盛り込まれている。

○この中で，2030年を年限とする17の持続可能な開
発のための目標が掲げられているが，これが**SDGs**
である。

論点はどこ？

人権は先人の労によって勝ち取られたものであり，時
代と共に内容は厚みを増してきている。しかし国際情勢
は不安定化し，国内でも（マイノリティへの）人権侵害
が頻発するなど，平和や人権が脅かされている。

人権が尊重される社会というのは，空気のようなもの
としてあるのではない。人々の不断の努力によって守っ
ていかねばならぬものだ。その主体を育てる営みが人権
教育であり，これから重要になってくる。学校では座学
ではなく，「協力・参加・体験」を中核にし，行動型の
人間を育成していく。

> **SDGs**
>
> Sustainable Devel-
> opment Goalsの略で，
> 「持続可能な開発のた
> めの目標」と訳される。
> 17の目標と169のター
> ゲットからなり，人権
> に関わる内容も含んで
> いる。

予想問題

以下の文章は，学校における人権教育について述べたものである。空欄に
適語を入れよ。

　　人権教育は，学校の教育活動（　①　）を通じて推進することが大切
　であり，そのためには，人権尊重の精神に立つ学校づくりを進め，人権
　教育の充実を目指した教育課程の編成や，人権尊重の理念に立った
　（　②　）指導，人権尊重の視点に立った（　③　）経営等が必要である。

正答は148ページ

遠隔教育

★ ★ ★

ここに注目
遠隔教育の基本的な考え方と，遠隔授業の３類型を押さえよう。３つのタイプの文章を提示して，どのタイプのものかを答えさせる問題が多い。高等学校では，単位数の上限があることにも注意。

時事の基礎知識

　遠隔教育は，へき地教育の手段としてのみ機能するのではない。教育全体の質の向上に寄与するものである▶。

□**基本的な考え方**……遠隔教育は，教育の機会均等を図る上で重要である。

　○**遠隔システム**を活用することにより，距離に関わりなく相互に情報の発信・受信のやりとりを行うことができる。このため，小規模校等における教育活動を充実させたり，外部人材の活用や幅広い科目の開設などにより学習活動の幅を広げたりすることなどにおいて，遠隔システムの活用は重要な意義を持つ。

　○また，**不登校児童生徒**や**病気療養児**など，様々な事情により通学して教育を受けることが困難な児童生徒もいる。このような児童生徒にとって，自宅や病院等において行う遠隔教育は，**学習機会の確保**を図る観点から，重要な役割を果たす▶。

□**遠隔授業の類型**……３つのタイプと，それぞれの利点を押さえよう。

　○一人一人の児童生徒の状況等に応じた学習機会を提供する観点から，遠隔教育を効果的に普及していくためには，遠隔教育に係る様々な制度を踏まえて，遠隔教育が効果を発揮しやすい学習場面や目的・活動例等を**類型化**し，普及・啓発を行うことにより，教育関係者の理解を深めていく必要がある。

　○遠隔教育のうち，授業等の中で遠隔システムを活用するもの類型としては，次のようなものがある。

　　①当該教科の免許状を保有する教師が行う複数の遠

１ 本テーマの記述は，文部科学省『遠隔教育の推進に向けた施策方針』（2018年９月）に依拠している。

２ 感染症拡大防止の観点からコロナ禍以降，自宅学習が増えた。遠隔教育の重要性が増している。

隔の教室での授業をつなぐ「**合同授業型**」。児童生徒が多様な意見や考えに触れたり，協働して学習に取り組んだりする機会の充実を図ることができる。

②当該教科の免許状を保有する教師が行う授業に対して，専門家等が遠隔の場所から協働して授業を行う「**教師支援型**」。児童生徒の学習活動の質を高めるとともに，教員の資質向上を図ることができる。

③高等学校段階において，当該学校の教師（当該教科の免許状の有無を問わない）の立会いの下，当該教科の免許状を保有する教師が遠隔の場所から授業を行う「**教科・科目充実型**」❸。生徒の多様な科目選択を可能とすることなどにより，学習機会の充実を図ることができる。

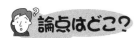

論点はどこ？

遠隔教育により，どこにおいても，高度な専門性を持つ教員（外部人材）の授業を受けられる。また，不登校児や病弱児の学習機会も確保される。高等学校では，科目選択の幅も広がる。コロナ禍を経てオンライン学習が広がっているが，これを機に学校のICT化を加速させることが望まれる。感染症への対策という一過性のものではなく，平時の教育の質的向上を図る良い機会だ。

❸ 高等学校の全日制・定時制課程については，①36単位を上限とすること，②配信側の教員は担当教科の免許保持者であり，受信側の学校に属すること，③評価は，配信側の教員が実施すること，④受信側にも当該校の教員が立ち会うこと（実施教科の免許の有無は問わない），などの条件がある。

予想問題

以下の文章は，遠隔授業のメリットについて述べたものである。ア～ウのうち，教師支援型のメリットについて述べたものはどれか。

ア　生徒の多様な科目選択を可能とすることなどにより，学習機会の充実を図ることができる。

イ　児童生徒が多様な意見や考えに触れたり，協働して学習に取り組んだりする機会の充実を図ることができる。

ウ　児童生徒の学習活動の質を高めるとともに，教員の資質向上を図ることができる。

正答は148ページ

体験活動・読書活動の推進

ここに注目 子どもの人間形成に際して，各種の体験活動や読書活動には，どのような効果が期待されるか。そのための取組として，どのようなものがあるか。子どもの読書実施率の統計も要注意。

時事の基礎知識

　各種の体験や読書は，子供の人間形成に寄与する。具体的に，どういう効果が期待されるか。

□**体験活動の定義と分類**…体験活動とは何か▶。

　○定義：体験活動とは，「体験を通じて何らかの学習が行われることを目的として，体験する者に対して**意図的・計画的に提供される体験**」をいう。

　○分類：「**生活・文化体験活動**」「**自然体験活動**」「**社会体験活動**」の３つに分類される。

□**体験活動の効果・意義**…言語化すると，以下のようになる。

　○生活・文化体験の一つである「お手伝い」については，家庭でお手伝いを多くすることによって，**自尊感情**や自分の感情を調整するといった精神的な回復力，勉強が楽しいといった**学習意欲**の高まり等によい影響が見られる。

　○自然体験活動については，子供の頃に家庭や青少年教育施設等で自然体験活動を多く行った者ほど，自己肯定感，自律性，協調性や積極性といったいわゆる**非認知能力**が高くなる傾向が見られる。

□**読書活動の効果**…知識を得るだけでなく，より学ぼうという態度も培われる▶。

　○子どもたちは，読書を通じて，多くの**知識**を得たり，多様な文化への理解を深めたりすることができる。

　○また，心に残る名作などの文学作品に加え，自然科学・社会科学関係の書籍や新聞，図鑑等の資料を読み深めることを通じて，自ら学ぶ楽しさや知る喜びを体得し，更なる**探究心**や真理を求める態度が培われる。

1 文部科学省「企業等と連携した子供のリアルな体験活動の推進について」（2022年12月）による。

2 「第5次・子どもの読書活動の推進に関する基本的な計画」（2023年3月）による。

○読むこと自体の楽しさ，それによる充実感，満足感を得ることが重要である。子どもの頃のそうした楽しかった体験は，生涯にわたる学習意欲や**ウェルビーイング❸**につながる。

□**読書活動推進の基本的方針**…4つの柱からなる。

1）不読率の低減

就学前からの**読み聞かせ**等の促進。不読率の高い高校生❹については，探究的な学習活動等での図書館利用を促進。

2）多様な子どもたちの読書機会の確保

3）デジタル社会に対応した読書環境の整備

社会のデジタル化，GIGAスクール構想等の進展を踏まえ，言語能力や情報活用能力を育む。**学校図書館等のDX**を進める。

4）子どもの視点に立った読書活動の推進

子どもの**意見聴取**の機会を確保する。

論点はどこ？

子どもと併行して，大人の読書活動推進も大事だ。過去に比して読書実施率の低下が大きいのは，親年代だ。人手不足で長時間労働が増えているためかもしれないが，これでは子どもに示しがつかない。

子どもにあっては，発達段階を上がるほど不読率が高くなる。受験勉強のためだが，多感な思春期・青年期において，手に取る本が受験参考書だけというのは問題だ。ペーパーテスト偏重の入試の在り方も見直さねばなるまい❺。「朝の10分間読書」という繕いでよしとしてはならない。

❸ ウェルビーイングの定義については，18ページを参照。

❹ 月に1冊も本を読まない者の比率は，小学生で7.0%，中学生で13.1%，高校生で43.5%である（『学校読書調査』2023年）。

❺ 入試で学力を常に重視する高校の割合は，日本では96%だが，アメリカでは29%でしかない（OECD「PISA 2018」）。学力偏重の入試は普遍的なものではない。

予想問題

以下の文章は，体験活動について述べたものである。空欄に適語を入れよ。

○体験活動とは，「体験を通じて何らかの学習が行われることを目的として，体験する者に対して（　①　）・計画的に提供される体験」をいう。

○体験活動は，「生活・文化体験活動」，「（　②　）体験活動」，「（　③　）体験活動」の3つに分類される。

正答は148ページ

★ ★ ★

学校安全

子供の安全が脅かされている。安全教育において子供に身に付けさせるべき，安全を守るための能力はどのようなものか。第3期・学校安全推進計画の施策の方向性や，目指す姿についても知っておこう。

時事の基礎知識

　2022年度から，第3次学校安全の推進に関する計画が実施されている。基本的な部分をみてみよう。学校安全の3活動，6つの施策が骨格だ。

□**総論**……学校安全は，3つの活動からなる。

　○学校安全の活動は，「生活安全」「交通安全」「災害安全」の各領域を通じて，自ら安全に行動したり，他の人や社会の安全のために貢献したりできるようにすることを目指す「**安全教育**」，児童生徒等を取り巻く環境を安全に整えることを目指す「**安全管理**」，これらの活動を円滑に進めるための「**組織活動**」という3つの主要な活動から構成されている。

□**安全教育の目標**……上記の3つのうち，安全教育はどのようなことを目指すか。

　○学校における安全教育の目標は，**日常生活全般**における安全確保のために必要な事項を実践的に理解し，**自他の生命尊重**を基盤として，生涯を通じて安全な生活を送る基礎を培うとともに，進んで安全で安心な社会づくりに参加し貢献できるような資質・能力を育成することを目指すものである➡。

□**施策の基本的な方向性**……6つからなる。

　①学校安全計画・危機管理マニュアル➡を見直すサイクルを構築し，学校安全の実効性を高める。

　②地域の多様な主体と密接に連携・協働し，子供の視点を加えた安全対策を推進する。

　③全ての学校における実践的・実効的な**安全教育**を推進する。

　④地域の災害リスクを踏まえた実践的な**防災教育・訓**

➡ 各学校では，カリキュラム・マネジメントの考え方を生かしながら，児童生徒等や学校，地域の実態及び児童生徒等の発達の段階を考慮して，学校の特色を生かした安全教育の目標や指導の重点を設定する。

➡ 学校安全計画は学校保健安全法第27条，危機管理マニュアルは同法第29条により，作成が義務付けられている。

練を実施する。

⑤事故情報や学校の取組状況などデータを活用し学校安全を「見える化」する。

⑥学校安全に関する意識の向上を図る（学校安全文化の醸成）。

□**目指す姿**……上記の施策を通じ，以下の姿を目指す。学校管理下という言葉にも注意だ。

　ア）全ての児童生徒等が，自ら適切に判断し，主体的に行動できるよう，安全に関する資質・能力を身に付けること。

　イ）**学校管理下❸**における児童生徒等の死亡事故の発生件数について限りなくゼロにすること。

　ウ）学校管理下における児童生徒等の負傷・疾病の発生率について障害や重度の負傷を伴う事故を中心に減少させること。

❸ 学校管理下とは，授業中，課外指導中，休憩時間中，通学中などをさす。

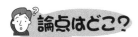
論点はどこ？

　日本各地で毎年のように自然災害が起こり，子供を狙った犯罪も多発する中，学校安全（防災）の重要性が増してきている。学校・家庭・地域が連携した組織的な取組により，子供の安全を守らねばならない。心のケアのような，メンタル面のサポートも重要である。

　なお子供は，守られるだけの受動的な存在ではない。自らの身を守る術を身に付けるとともに，環境に働きかけ，安全な社会づくりに貢献できる**能動的**な存在へと仕向けられる必要がある。子供に地域安全マップを作成させるなどの実践は，この点において有効であろう。

予想問題

以下の文章は，第3次学校安全の推進に関する計画において目指す姿である。空欄に適語を入れよ。

　　全ての児童生徒等が，自ら適切に判断し，（　①　）に行動できるよう，（　②　）に関する資質・能力を 身に付けること。
　　（　③　）における児童生徒等の負傷・疾病の発生率について障害や重度の負傷を伴う事故を中心に（　④　）させること。

正答は148ページ

薬物乱用防止

ここに注目

薬物乱用とは何か。法で禁止・制限されている薬物には，どのようなものがあるか。薬物乱用防止教育も学校に課せられた役割であり，学校教育全体でそれを行うこと，年に1回は薬物乱用防止教室を開くこととなっている。

 時事の基礎知識

恐ろしい**薬物乱用**。その定義と，撲滅のための取組の現状を知ろう。

□**薬物乱用とは**……薬物乱用とは，医薬品を**医療目的以外**に使用すること，又は医療目的にない薬物を**不正に**使用することをいう。

　乱用のおそれのある薬物として，覚醒剤，大麻，MDMA（エクスタシー），コカイン，ヘロイン，向精神薬，シンナー，危険ドラッグ（合法ハーブ等）などがある➡。

□**第6次薬物乱用防止5か年戦略**……2023年8月に策定された。5つの目標のうち，教育に関わるものを掲げる。

○青少年を中心とした広報・啓発を通じた国民全体の規範意識の向上による薬物乱用未然防止（目標①）。

○施策として，学校における**薬物乱用防止教育**及び啓発の充実，有職・無職少年に対する啓発の強化，国際的な人の往来の増加に向けた海外渡航者に対する広報・啓発活動の推進，などを図る。

□**薬物乱用防止教育**……上記の計画で「薬物乱用防止教育」がいわれているが，2018年の文部科学省通知にて，現場に具体的な要請が出されている。主なものを紹介しよう。

　ア）学校における薬物乱用防止教育は，小学校の体育科，中学校及び高等学校の保健体育科，特別活動の時間はもとより，道徳，総合的な学習の時間等の**学校の教育活動全体**を通じて指導を行うこと。

　イ）児童生徒が，薬物乱用の危険性・有害性のみなら

1これらの取扱は，法律によって禁止ないしは制限されている。覚せい剤取締法，毒物及び激物取締法，大麻取締法，あへん法，麻薬及び向精神薬取締法などの法律がある。近年，大麻事犯が増えている。

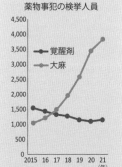

薬物事犯の検挙人員

※30歳未満の検挙人員。

ず，薬物乱用は，好奇心，投げやりな気持ち，過度のストレスなどの心理状態，断りにくい人間関係，宣伝・広告や入手しやすさなどの**社会環境**などによって助長されること，また，それらに適切に対処する必要があることを理解できるようにするため，指導方法の工夫を行うこと。

ウ）**薬物乱用防止教室**は，学校保健計画に位置付け，すべての中学校及び高等学校において**年1回**は開催するとともに，地域の実情に応じて**小学校**においても開催に努めること。私立学校主管部課等においては所管する私立学校において薬物乱用防止教室の開催を促進すること。

エ）薬物乱用防止教育は，外部専門家による指導が望ましいものの，研修を受けた薬物乱用防止教育に造けいの深い指導的な教員の活用も考えられること。

□**乱用の恐れのある市販薬の販売規制**…20歳未満の場合，乱用の恐れのある市販薬（風邪薬，せき止め等）も，大容量・複数個の販売が禁じられる**Ｅ**。

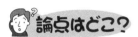
論点はどこ？

薬物に一度でも手を出すと，どんどん深みにはまっていき，やめられなくなる。これがもとで人生を棒に振る青少年も少なくない。自我が未熟なだけに，学校における指導が不可欠だ。それを組織化・体系化した営みが，**薬物乱用防止教育**である。とくに，自由な時間の多い大学生等への啓発・指導は重要である。教師自身，指定薬物等に関する知識を得ておく必要がある。今後は，市販薬の販売も規制されることになる。

Ｅ 若者の間で，手軽に入手できる市販薬を使ったオーバードーズが広がっていることによる。

予想問題

以下の文章は，2018年の文部科学省通知「薬物乱用防止教育の推進について」からの抜粋である。空欄に適語を入れよ。

（　①　）教室は，学校保健計画に位置付け，すべての中学校及び高等学校において年（　②　）回は開催するとともに，地域の実情に応じて（　③　）においても開催に努めること。

正答は148ページ

消費者教育

★ ★ ★

ここに注目

消費者教育の推進に関する法律第1条の空欄補充問題が多い。しっかり読み込んでおこう。消費者教育の理念に関する条文（第3条）も頻出。消費者教育は，あらゆるライフステージの人を対象に実施される。

時事の基礎知識

消費者教育推進法の条文の空欄補充問題が多い。

□**消費者教育の推進に関する法律**……2012年に制定。
以下は，この法律の目的である。

　○この法律は，消費者教育が，消費者と事業者との間の情報の質及び量並びに交渉力の格差等に起因する消費者被害を防止するとともに，消費者が自らの利益の擁護及び増進のため自主的かつ合理的に行動することができるようその**自立**を支援する上で重要であることに鑑み，消費者教育の機会が提供されることが消費者の権利であることを踏まえ➡，**消費者教育**に関し，基本理念を定め，並びに国及び地方公共団体の責務等を明らかにするとともに，基本方針の策定その他の消費者教育の推進に関し必要な事項を定めることにより，消費者教育を総合的かつ一体的に推進し，もって国民の消費生活の安定及び向上に寄与することを目的とする。（第1条）

□**定義**…消費者教育とは，消費者の**自立**を支援するために行われる消費生活に関する教育（消費者が主体的に**消費者市民社会**の形成に参画することの重要性について理解及び関心を深めるための教育を含む。）及びこれに準ずる啓発活動をいう。（第2条）

□**基本理念**…第3条である。重要なものを掲げる。

　○消費者教育は，**幼児期**から**高齢期**までの各段階に応じて体系的に行われるとともに，年齢，障害の有無その他の消費者の特性に配慮した適切な方法で行われなければならない。

　○消費者教育に関する施策を講ずるに当たっては，環

1 国や地方公共団体は，学校の「授業その他の教育活動において適切かつ体系的な消費者教育の機会を確保する」と定められている（第11条第1項）。

境教育，**食育**，国際理解教育その他の消費生活に関連する教育に関する施策との有機的な**連携**が図られるよう，必要な配慮がなされなければならない。

□**高校家庭科**……2019年3月の文部科学省通知で，以下のように言われている。消費生活に関する内容は早めに履修させる。

○2022年4月1日から成年年齢が18歳に引き下げられ，18歳から一人で有効な契約をすることができるようになる一方，保護者の同意を得ずに締結した契約を取り消すことができる年齢が**18歳未満**までとなる。

○若年者の消費者被害防止・救済のためにも，これまで以上に**消費者教育**の指導の充実が求められる。

○生徒が成年となる前に消費者教育に関する内容を学習するよう，**第2学年**までに，家庭科の**消費生活**に関わる内容を履修しておく必要がある🅱。

論点はどこ？

社会生活を営む上で，各種の取引や契約は不可欠だが，それにはトラブルがつきものである。消費者と事業者では，持っている情報（知識）や交渉力に格差があることから，前者が不利な立場に置かれやすい。現在では電子媒体での契約が増えているが，ITの知識に疎い高齢者は，とりわけ重点を置くべき層である。

2022年4月より，成年年齢が20歳から18歳に引き下げられたことで，**18・19歳**の若者の消費者被害が広がるおそれもある🅲。現に，AV出演を強要されたりする被害も出ている。消費者教育の重要性が増している。

🅱「家庭基礎」「家庭総合」の「C 持続可能な消費生活・環境」を，それぞれ第1学年及び第2学年のうちに履修させることとする。

🅲 未成年者の場合は，親権者の同意なしに結んだ契約は後から取り消すことができる。

予想問題

以下の文章は，消費者教育推進法第3条の一部である。空欄に適語を入れよ。

消費者教育は，幼児期から（　①　）までの各段階に応じて体系的に行われるとともに，年齢，（　②　）の有無その他の消費者の特性に配慮した適切な方法で行われなければならない。

正答は148ページ

環境教育

環境破壊は，人類の存続そのものを脅かす最も根源的な問題である。それを克服する人間を育てるのが環境教育だ。その取組と，「持続可能な開発のための教育（ESD）」という重要概念を覚えよう。

時事の基礎知識

環境教育の取組と，持続可能な開発のための教育（ESD）についてみていこう。

□**環境教育の取組**……2022年版の『環境白書・循環型社会白書・生物多様性白書』にて，分かりやすい説明がされている。

○**持続可能な社会づくりの担い手育成**は，脱炭素社会➡，循環経済，分散・自然共生型社会への移行の取組を進める上で重要である。

○このため，環境教育等による環境保全の取組の促進に関する法律（**環境教育促進法**）や「我が国における『持続可能な開発のための教育（ESD）』に関する実施計画」等を踏まえ，学校教育においては，**学習指導要領**等に基づき，持続可能な社会の創り手として必要な資質・能力等を育成するため，**環境教育**等の取組を推進する。

○環境教育に関する内容は，理科，社会科，家庭科，総合的な学習の時間等，多様な教科等に関連があり，学校全体として，児童生徒の発達の段階に応じて**教科等横断的**な実践が可能となるよう，関係省庁が連携して，教員等に対する研修や資料の提供等に取り組む。

□**ESD**……ESDは，「持続可能な開発のための教育」と訳される。以下は，文部科学省『ESD推進の手引』（2021年）の記載事項である。

○日本が提唱した「**持続可能な開発のための教育**（Education for Sustainable Development：ESD）」は，まさに地球規模の課題を**自分事**として捉え，そ

■温室効果ガスの排出量が実質ゼロの社会をいう。日本は2050年までにカーボンニュートラルを目指すことを宣言している。

✎ **カーボンニュートラル**

温室効果ガスの排出量と吸収量を均衡させること。これにより，温室効果ガスの排出量が実質ゼロとなる。

の解決に向けて自ら行動を起こす力を身に付けるための教育です。

○2020年度から順次実施されている新しい学習指導要領において，これからの学校教育や教育課程の役割として「**持続可能な社会の創り手**」となることができるようにすることが前文と総則において掲げられ，ESDの理念が組み込まれる形となりました❷。

□**環境保全活動**……よく聞く言葉だが，法律では以下のように定義されている❸。

○環境保全活動とは，地球環境保全，公害の防止，生物の多様性の保全等の自然環境の保護及び整備，**循環型社会**の形成その他の環境の保全主たる目的として**自発的**に行われる活動をいう。

❷ESDは，SDGsの目標4に示されている。SDGsについては131ページを参照。

❸環境教育等による環境保全の取組の促進に関する法律第2条第1項による。

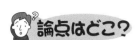
論点はどこ?

われわれは，日本国民であると同時に**世界市民**でもある。地球規模で深刻化している環境，貧困，平和などの問題を「対岸の火事」とみるのではなく，自らの問題と捉え，その解決に向けて**行動**できる人間の育成が求められる。そうした取組の総体が**ESD**であり，1990年代初頭よりその重要性が指摘されてきている。知識だけの傍観者ではなく，参加型の学習により，行動できる実践型の人間を育みたい。

予想問題

環境問題への取組に関する以下の文章のうち，誤っているものはどれか。

ア 持続可能な社会づくりの担い手育成は，脱炭素社会，循環経済，分散・自然共生型社会への移行の取組を進める上で重要である。

イ 日本は，2040年までにカーボンニュートラル（温室効果ガスの排出量と吸収量を均衡させ，排出量を実質ゼロにすること）を目指すことを宣言している。

ウ 持続可能な開発のための教育は，地球規模の課題を自分事として捉え，その解決に向けて自ら行動を起こす力を身に付けるための教育をさす。

正答は148ページ

外国人の児童生徒の受け入れ

日本語指導を要する外国人児童生徒が増えているが，不就学も問題化している。最新の調査結果を知っておこう。教育の取組としては，日本語教育に限らないこと，異文化理解を促進すること，という2点が重要だ。

　教室に外国人の子どもが増えている。現状のデータと取組の方向性をみよう。

□**日本語指導が必要な児童生徒の現状**……2021年度の調査データである▶。

○日本語指導が必要な児童生徒数は，58,353人で前回調査より**増加**。

○日本語指導が必要な外国籍の児童生徒を言語別にみると，**ポルトガル語**を母語とする者の割合が全体の約4分の1を占め，最も多い。

○日本語指導が必要な外国籍の児童生徒のうち，学校において**特別の配慮に基づく指導**を受けている者の割合は90.9%で前回調査より増加，人数は43,311人で前回調査より増加。

○日本語指導が必要な高校生等の進路状況では，大学などに進学した生徒は，前回42.2%から51.9%に改善しているものの，全高校生に対する割合は依然として低い。

□**取組の方向性**……3番目の事項が重要▶。マイナスではなく，プラスの視点を持ちたい。

○外国人の子供たちが将来にわたって我が国に居住し，**共生社会**の一員として今後の日本を形成する存在であることを前提に，関連施策の制度設計を行う必要がある。

○日本語の能力が十分でない外国人児童生徒等は，言葉のハンディから，学習や交友関係の形成に困難を抱えがちである。このため，適切な指導・支援の下で将来への現実的な展望が持てるよう，学校の内外

1 文部科学省『日本語指導が必要な児童生徒の受入状況等に関する調査』（2021年度）による。

2 文部科学省『外国人児童生徒の教育の充実について』（2020年）による。

を通じ，**日本語教育のみならず**，キャリア教育や相談支援などを包括的に提供する必要がある。

○日本人の子供にとっても，学齢期から様々なルーツや母語等を有する子供たちとともに学習する機会を持つことは，**多様な価値観や文化的背景に触れる**ことにつながる。こうした機会を活かし，多様性は社会を豊かにするという価値観の醸成や，グローバル人材の育成など，**異文化理解・多文化共生**の考え方に基づく教育に更に取り組むべきである。

論点はどこ？

2023年の出生数は72万人。人口減はすさまじく，これから毎年，人口60万人クラスの大都市がごっそり無くなっていくような事態になる。労働力不足も一層深刻化する。

国の維持存続のため外国人の受け入れが不可欠で**❸**，彼らに対する公教育も求められる。日本語教育推進法もでき，今後は日本語教員への需要が爆増するだろう**❹**。なお，外国人に対し「同化」を求めるだけではなく，日本人も彼らに歩み寄る必要がある。文化庁は「**やさしい日本語ガイドライン**」を作成した。日本人の側も，共生社会で生きる術を学習しないといけない。その上でも，学校で外国人の子供と接することは有益である。

❸ 在留外国人は2012年末では203万人だったが，2022年末では308万人に増えている。現在では，住民の5人に1人が外国人という自治体もある。

❹ 日本語教育機関認定法の成立により，日本語教員の資格が国家資格となった（登録日本語教員）。

予想問題

外国人の児童生徒の教育について述べた以下の文章のうち，正しいものはどれか。

ア 文部科学省が2021年度に実施した調査によると，日本語指導を要する外国人児童生徒は10万人を超えている。

イ 日本語指導を要する外国人児童生徒の母語をみると，中国語が最も多くなっている。

ウ 日本語の能力が十分でない外国人児童生徒等に対しては，適切な指導・支援の下で将来への現実的な展望が持てるよう，学校の内外を通じ，日本語教育のみならず，キャリア教育や相談支援などを包括的に提供する。

正答は148ページ

夜間中学

夜間中学が注目されるようになっている。そこで学んでいるのは，学びの動機がはっきりした，多種多様な背景の人たちだ。不登校の生徒にとって，学びの場の選択肢にもなっている。

時事の基礎知識

近年，夜間中学にスポットが当てられるようになっている。

□**法規定**……夜間中学の設置については，教育機会確保法で定められている。

○地方公共団体は，学齢期➡を経過した者であって学校における就学の機会が提供されなかったもののうちにその機会の提供を希望する者が多く存在することを踏まえ，**夜間その他特別な時間**において授業を行う学校における就学の機会の提供その他の必要な措置を講ずるものとする。（第14条）

□**対象**……夜間中学の対象として，以下のような人たちが想定される。文部科学省『夜間中学の設置・充実に向けて』（2023年1月）を参照。

ア）**義務教育未修了者**

2020年の「国勢調査」によると，15歳以上の未就学者➡は9.4万人，最終学歴が小学校卒の者は80.4万人。義務教育を終えていない人は，合わせて90万人ほどと見積もられる。

イ）**入学希望既卒者**

中学校を卒業していても，不登校の期間が長かった等の理由で，十分に学べなかった人もいる。こういう人たちも，入学を許可され得る。

ウ）**不登校の学齢生徒**

2022年度の小・中学校の不登校児童生徒は約30万人。中学生ではおよそ20人に1人。学齢であっても不登校の生徒は，夜間中学の受け入れの対象となる➡。

➊ 満6歳に達した日の翌日以後における最初の学年の初めから満15歳に達した日の属する学年の終わりまでの期間である。

➋ 在学したことのない者又は小学校を中途退学した者である。

➌ 不登校の生徒への多様な教育機会を確保する観点からである。

エ）外国籍の者

2023年12月時点の在留外国人は308万人。義務教育を終えていない外国籍の者も，日本国籍の者と同様に夜間中学の対象となる。

□**設置・検討状況**……2023年10月時点のデータである。

○17の都道府県に44校の夜間中学が設置されている。

○夜間中学の開校を決めているのは12県。

○夜間中学の開校を検討しているのは2県。

○文部科学省では，夜間中学が少なくとも**各都道府県・指定都市に1校**は設置されるよう，その設置を促進している。

論点はどこ？

就学援助等の充実もあり，夜間中学は減少を続けてきた。しかし近年，その重要性が再認識されつつある。学びを取り戻したいという高齢者や，外国人の増加が背景にある。夜間中学には，**「学び」の原点**がある。昼間の学校に適応できない（不登校の）生徒も，そこに籍を置き，多様な背景の学友と接したならば，人生の新たな展望を見出せるかもしれない。

ちなみに，高校を卒業していない人（最終学歴が中卒の人）は1126万人もいる。「80歳の女子高生」という類のニュースを見かけるが，こういう学び直しはもっと増えていい。学校は，子供の占有物ではない。

 就学援助

義務教育諸学校への就学が困難な学齢児童・生徒の保護者に対し，市町村が学用品費や給食費等の援助を行うこと。法的根拠は，学校教育法第19条である。

予想問題

夜間中学に関する以下の文章のうち，誤っているものはどれか。

ア　地方公共団体は，夜間その他特別な時間において授業を行う学校における就学の機会の提供その他の必要な措置を講ずるものとする。

イ　夜間中学の対象は義務教育未修了者であるので，中学校を卒業している者は，いかなる理由があっても入学は許可されない。

ウ　学齢を過ぎていなくても，不登校の中学生は，夜間中学の受け入れの対象となり得る。

エ　2023年10月時点のデータによると，17の都道府県に44校の夜間中学が設置されている。

正答は148ページ

第6章　予想問題の正答

コミュニティ・スクール ………………………………………… p.129
イ

人権教育 ………………………………………………………… p.131
①全体　　②生徒　　③学級

遠隔教育 ………………………………………………………… p.133
ウ

体験活動・読書活動の推進 …………………………………… p.135
①意図的　　②自然　　③社会

学校安全 ………………………………………………………… p.137
①主体的　　②安全　　③学校管理下　　④減少

薬物乱用防止 …………………………………………………… p.139
①薬物乱用防止　　②1　　③小学校

消費者教育 ……………………………………………………… p.141
①高齢期　　②障害

環境教育 ………………………………………………………… p.143
イ

外国人の児童生徒の受け入れ ………………………………… p.145
ウ

夜間中学 ………………………………………………………… p.147
イ

第7章

文化・社会

男女共同参画社会

ここに注目 男女共同参画社会とは何か。定義を定めた法律の条文の空欄補充問題がよく出る。2020年に策定された第5次男女共同参画基本計画で描かれている，目指すべき社会像も押さえておこう。

 時事の基礎知識

現代は男女平等，**男女共同参画**の時代である。

□**男女共同参画社会とは**……まずは言葉の定義。男女共同参画社会基本法第2条をみてみよう➡。

　○**男女共同参画社会**とは，男女が，社会の対等な構成員として，自らの意思によって社会のあらゆる分野における活動に**参画**する機会が確保され，もって男女が**均等**に政治的，経済的，社会的及び文化的利益を享受することができ，かつ，共に責任を担うべき社会をいう。

□**第5次男女共同参画基本計画**……2020年12月に，第5次計画が策定された。以下のような社会を目指す。

> ○男女が自らの意思に基づき，個性と能力を十分に発揮できる，**公正で多様性**に富んだ，活力ある持続可能な社会。
> ○男女の人権が尊重され，**尊厳**を持って個人が生きることのできる社会。
> ○**仕事と生活の調和**➡が図られ，男女が共に充実した職業生活，その他の社会生活，家庭生活を送ることができる社会。
> ○あらゆる分野に男女共同参画・女性活躍の視点を取り込み，**SDGs**で掲げられている包摂的かつ持続可能な世界の実現と軌を一にした取組を行い，国際社会と協調する社会。

□**近年の法律**……2つの法律が制定されている。職業生活や政治分野での女性の活躍を促す。

　○**女性の職業生活における活躍の推進に関する法律**⇒国や自治体，事業主に女性の活躍に関する状況を分析し，事業主行動計画を策定し，女性の活躍に関する情報➡を公表することを義務づける。

❶ 1999年に制定された法律である。1985年には男女雇用機会均等法が制定されている。この2つの法律は知っておこう。

❷ いわゆる「ワーク・ライフ・バランス」である。

❸ 賃金の男女差などである。

○政治分野における男女共同参画の推進に関する法律
⇒衆議院，参議院及び地方議会の選挙において，政
党等の政治活動の自由を確保しつつ，男女の候補者
の数ができる限り**均等**となることを目指して行われ
るものとする。

□**ジェンダー・ギャップ指数**……経済，政治，教育，健
康の4つの分野のデータから作成され，0が完全不平
等，1が完全平等を意味する。2023年の日本の総合
スコアは0.647，順位は**146か国中125位**であった。

とくに政治分野は138位とすこぶる低い。政治家の
女性比率が低いことによる。

論点はどこ？

日本は「男は仕事，女は家庭」という**性別役割分業**が
強い社会だが，それはいかにも古臭いし，望ましいこと
でもない。少子高齢化が進み，労働力不足が深刻化する
中，女性の社会進出を促進させないと，社会の維持・存
続が危うくなる❹。個々の家庭でみても，これからは夫
婦の二馬力でないとやっていけない。男性の腕一本で家
族を養える時代など，とうに終わっている。

第5次の男女共同参画基本計画では，具体的な数値目
標が多く示されている。2020年代の早期に，指導的地
位の女性比率**30%**など。こうした指標で，政策の効果
を「見える化」するのも重要だ。医師等の高度専門職の
女性比率も高める必要がある。私立大学医学部入試で，
女子の点数を操作していた不正が発覚した。日本社会の
病根は深い。

❹ 女性の労働力率の年
齢カーブを描くと，結
婚・出産期に谷がある
「M字」になる（下図）。
昔に比して谷は浅く
なっているが，欧米諸
国と比べるとまだ深い。

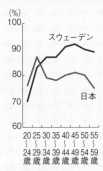

*2021年のデータ。
*総務省『世界の統計
2023』より作成。

予想問題

**2020年末に策定された第5次男女共同参画基本計画では，以下のような
社会を目指すとされる。空欄に適語を入れよ。**

○男女が自らの意思に基づき，個性と能力を十分に発揮できる，（　①　）
で多様性に富んだ，活力ある持続可能な社会。

○仕事と生活の（　②　）が図られ，男女が共に充実した職業生活，そ
の他の社会生活，（　③　）生活を送ることができる社会。

正答は168ページ

刑法改正

★ ★ ★

近年の刑法改正は，教員として知っておきたい内容だ。侮辱罪が厳罰化され，強制性交等罪が不同意性交等罪に変わった。またスポーツ大会でのアスリート盗撮を防ぐべく，撮影罪も新設されている。

時事の基礎知識

　直近の刑法改正の内容を知ろう。侮辱罪が厳罰化され，性犯罪の規定も大きく変わっている。

□**侮辱罪の厳罰化**……インターネット上での誹謗中傷等➡が問題化していることを受け，侮辱罪の法定刑が引き上げられた。

○事実を摘示しなくても，公然と人を侮辱した者は，**1年以下の懲役若しくは禁錮**若しくは30万円以下の罰金又は拘留若しくは科料に処する。（刑法第231条）

□**不同意性交等罪・不同意わいせつ罪**……同意のない性交，わいせつ行為は罰せられる。

○不同意性交等罪は5年以上の懲役，不同意わいせつ罪は6か月以上10年以下の懲役。（刑法176条，177条）

○「予想と異なる事態との直面に起因する恐怖又は驚愕」「地位に基づく不利益の憂慮」により，被害者が**拒絶の意思を表明できなかった場合も**，これらの罪は成立する➡。

○**13歳未満**➡の者に対する性交・わいせつは，無条件に不同意性交等罪，不同意わいせつ罪となる。

□**面会要求等の罪**……16歳未満➡の子どもに対する以下の行為は罰せられる。（刑法第182条）

ア）「威迫，偽計又は誘惑」「拒まれたのに反復」「利益供与又はその申込みや約束」により，**わいせつ目的で会うことを要求**すること。→1年以下の懲役又は50万円以下の罰金。

イ）上記の結果，わいせつ目的で会うこと。→2年以下の懲役又は100万円以下の罰金。

ウ）性的な部位を露出した姿などの写真を撮影して送

1▶発信者情報開示の手続きも簡易化されている。

2▶あまりの恐怖に体が凍り付いてしまい，されるがままになったという場合も，相手の罪を問える。

3▶行為者が5歳以上年長の場合は，16歳未満。

るよう要求すること。→1年以下の懲役又は50万円以下の罰金。

□**性的姿態等撮影罪**……スポーツ大会で，変な下心でカメラを構えると罪に問われる❹。

　　○正当な理由がないのに，ひそかに**性的姿態等**（性的な部位，身に着けている下着，わいせつな行為・性交等がされている間における人の姿）を撮影した場合，3年以下の懲役又は300万円以下の罰金が科せられる。

□**拘禁刑の新設**……2025年より，懲役刑と禁錮刑を**拘禁刑**に一本化し，刑務作業と矯正教育を柔軟に組み合わせて行えるようにする。

❹▶新たに制定された，性的姿態撮影等処罰法の第2条による。

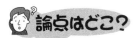 論点はどこ？

　強制性交等罪が**不同意性交等罪**に変わった，同意のない性交はすべて罰する，という意気込みが感じられる。体の硬直（フリーズ）により拒絶の意思を表明できなかった場合も，この罪は成立する。これまでは加害者の暴行・脅迫，被害者の明瞭な拒絶（抵抗）という要件が壁になり立件が阻まれてきたが，今後はそうでなくなる。

　統計をみると，日本は他国に比して性犯罪が少ない❺のだが，これは決して実態を表してはおらず，闇に葬られた事件（暗数）が膨大にあるに違いない。法治国家ならぬ「放置国家」だ。近年の刑法改正は，こうした現実を変えようという運動の成果だ。

❺▶以下は，警察に認知されたレイプ事件の件数（人口10万人あたり）だが，日本は非常に少ない。

85.7
37.6
1.1
日本　アメリカ　スェーデン

＊2020年の数値。国連薬物犯罪事務所の統計。

予想問題

性犯罪の法改正に関する以下の文章のうち，正しいものはどれか。

　ア　事実を摘示しなくても，公然と人を侮辱した者は，拘留（30日未満）または科料（1万円未満）に処せられる。

　イ　不同意性交等罪は，被害者の拒絶の意思が表明されなかった場合は成立しない。

　ウ　16歳未満の子どもに対する性交は，無条件に強制性交等となる。

　エ　正当な理由がないのに，ひそかに性的姿態等を撮影した場合，3年以下の懲役又は300万円以下の罰金が科せられる。

正答は168ページ

性的マイノリティ

 ここに注目

生物学的な性と，自分が自認している性が異なる子供がいる。こうした児童生徒には，どのような配慮がなされるべきか。学校生活の各場面における代表例を知っておこう。何よりも，教師自身が偏見を持たないことが大切。

時事の基礎知識

　生物学的な性と，当人が自認している性が異なる者もいる。いわゆる，**性同一性障害者**である。学校現場では，こうした児童生徒への配慮が求められる⇒。

□**性同一性障害とは**……性同一性障害者の性別の取扱いの特例に関する法律第2条で概念規定がされている。

　○性同一性障害者とは，「生物学的には性別が明らかであるにもかかわらず，心理的にはそれとは別の性別であるとの**持続的な確信**を持ち，かつ，自己を身体的及び社会的に他の性別に適合させようとする意思を有する者であって，そのことについてその診断を的確に行うために必要な知識及び経験を有する2人以上の医師の一般に認められている医学的知見に基づき行う**診断が一致しているもの**」をいう⇒。

□**学校での支援**……チームで支援を行い，情報共有に際しては当人や保護者の意向を踏まえる。

　ア）「性的マイノリティ」とされる児童生徒には，自身のそうした状態を**秘匿**しておきたい場合があることなどを踏まえつつ，学校においては，日頃から児童生徒が**相談**しやすい環境を整えていくことが望まれる。

　イ）当該児童生徒の支援は，最初に相談を受けた者だけで抱え込むことなく，組織的に取り組むことが重要であり，**学校内外の連携に基づく「支援チーム」**をつくり，ケース会議などのチーム支援会議を適時開催しながら対応を進める

　ウ）「性的マイノリティ」とされる児童生徒への配慮と，他の児童生徒への配慮との**均衡**を取りながら支

1 本テーマの記述は，文部科学省『生徒指導提要』（2022年12月）に依拠している。

2 性的指向は，恋愛対象が誰であるかを示す概念である。性的マイノリティは，LGBTの4カテゴリー（レズビアン，ゲイ，バイセクシャル，トランスジェンダー）に限定されない。

援を進める。

エ）違和感は，成長に従い**変動がありうる**ため，その時々の児童性徒の状況に応じた支援を行う。

オ）他の児童生徒や保護者との**情報の共有**は，当事者である児童生徒や保護者の意向などを踏まえ，個別の事情に応じて進める。

カ）医療機関を受診して**診断がなされなかった場合**であっても，医療機関との相談の状況，児童生徒や保護者の意向などを踏まえつつ，児童生徒の悩みや不安に寄り添い，支援を行う。

キ）**指導要録**の記載については学齢簿の記載に基づき行い，卒業後に法に基づく戸籍上の性別の変更などを行った者から卒業証明書などの発行を求められた場合は，戸籍を確認した上で，当該者が不利益を被らないよう適切に対応する。

論点はどこ？

2023年6月に**LGBT理解増進法**が成立し，我が国でもようやく，多様な「性」の在り方に対する配慮が出てきた。最近では制服のタイプを生徒に選ばせる学校も増え，入学試験の願書の性別欄をなくす自治体も出てきている。しかし国際的な意識調査でみると，日本はまだまだ性的マイノリティに対する偏見が強い。とくに年輩の世代がそうで，若者は欧米諸国と遜色ない🔒。指導者層に若者が増えることで，社会が変わる可能性がある。若者の政治参画を促したい。

> **指導要録**
> 児童等の学習及び健康の状況を記録した書類の原本のこと。

🔒 下図は同性愛への寛容度（10段階評定の平均値）だが，日本は世代差が大きいのが特徴だ。

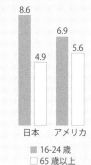

* 『世界価値観調査』
（2017-2020）による。

予想問題

以下の文章は，性同一性障害者の定義である。空欄に適語を入れよ。

　　生物学的には性別が明らかであるにもかかわらず，心理的にはそれとは別の性別であるとの持続的な（　①　）をもち，かつ，自己を身体的及び社会的に他の性別に適合させようとする（　②　）を有する者であって，そのことについてその診断を的確に行うために必要な知識及び経験を有する2人以上の医師の一般に認められている医学的知見に基づき行う（　③　）が一致しているもの。

正答は168ページ

成年年齢の引き下げ

ここに注目　民法の成年年齢に関する条文が改正された。新聞等で報じられた通り，成年年齢が20歳から18歳に引き下げられた。それに伴い，具体的にどういう変化が起きるかも知っておこう。

 時事の基礎知識

　2022年度から，成年年齢が20歳から18歳に引き下げられている。

□**民法改正の概要**……2018年6月の民法改正により，同法の第4条と第731条が改正された➡。

> ○年齢**18歳**をもって，成年とする。（第4条）
> ○婚姻は，**18歳**にならなければ，することができない。（第731条）

○一人で有効な契約をすることができる年齢，親権に服することがなくなる年齢が，20歳から**18歳**に引き下げる。

○女性の婚姻開始年齢を18歳に引き上げ，婚姻開始年齢は男女とも**18歳**に統一する➡。

□**民法改正Q＆A**……成年年齢引き下げにより，どういう変化が起きるか。法務省ホームページの「Q＆A」が分かりやすい➡。

①どうして民法の成年年齢を18歳に引き下げるのか？⇒成年年齢を18歳に引き下げることは，18歳，19歳の若者の**自己決定権**を尊重するものであり，その積極的な社会参加を促すことになると考えられる。

②18歳で何ができるようになるのか？⇒18歳，19歳の方は，親の同意を得ずに，**様々な契約**をすることができるようになる（携帯電話を購入する，一人暮らしのためのアパートを借りる，クレジットカードを作成する，ローンを組んで自動車を購入するなど）。自分の住む場所（居所）を自分の意思で決めたり，進学や就職などの進路決定についても，自分

1 法務省「民法の一部を改正する法律（成年年齢関係）について」（同省ホームページ）を参照。

2 法改正前の婚姻開始年齢は，男性は18歳，女性は16歳であった。

3 「民法（成年年齢関係）Q&A」を参照。

の意思で決めることができるようになる。そのほか，10年有効パスポートの取得や，公認会計士や司法書士などの国家資格に基づく職業に就くこと，性別の取扱いの変更審判を受けることなどについても，18歳でできるようになる。

3 お酒やたばこが解禁される年齢も18歳になるのか？⇒お酒やたばこに関する年齢制限については，**20歳**のまま維持される。また，公営競技（競馬，競輪，オートレース，モーターボート競走）の年齢制限についても，**20歳**のまま維持される **▶**。

☐ **18歳の裁判員**……少年法改正に伴い，**裁判員**に選ばれる年齢も18歳以上になる。高校生でも，重大事件の審判に参加するようになることから，法教育の充実が求められる。

4▶ 健康被害への懸念や，ギャンブル依存症対策などの観点から，従来の年齢を維持する。

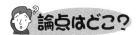
論点はどこ？

140年ぶりに民法が改正され，成年年齢が20歳から18歳に引き下げられた。諸外国ではこれが標準であるし，若者の自立や社会参加を促すことにもなる。しかし自由には責任が伴う故，野放しにするだけではいけない。問題視されているのは，18歳の高校生のAV（アダルトビデオ）出演強要だ。浅はかな知識で契約してしまい，被害に遭うケースが報告されている **▶**。こういう問題への対処ともに，当人のリテラシーも高めるべく，学校での消費者教育が重要になってくる。

5▶ AVへの出演トラブルに対応する法律として，2022年にAV出演被害防止・救済法が施行されている。

予想問題

2018年6月の民法改正に関連する以下の文章のうち，誤っているものはどれか。

ア 2022年度から，成年年齢が20歳から18歳に下げられた。

イ 女性の婚姻開始年齢を18歳に引き上げ，婚姻開始年齢は男女とも18歳に統一された。

ウ 18〜19歳の者は，親の同意を得ずに，携帯電話を購入する，一人暮らしのためのアパートを借りる，といった契約をできるようになった。

エ お酒やたばこに関する年齢制限も，20歳から18歳に引き下がった。

正答は168ページ

子ども・若者育成支援

ここに注目

子ども・若者を支援するため，法律と大綱が設定されている。法律の目的の条文と，大綱の施策の大枠を押さえよう。後者は，健全育成，困難への支援，創造性の涵養，環境整備，担い手育成，という5つからなる。

 時事の基礎知識

法律と大綱の2本柱をみていこう。

□**子ども・若者育成支援推進法**……2009年に制定された法律である。目的を定めた第1条がよく出る。

○この法律は，子ども・若者が次代の社会を担い，その健やかな成長が我が国社会の発展の基礎をなすものであることにかんがみ，日本国憲法及び**児童の権利に関する条約**◨の理念にのっとり，子ども・若者をめぐる環境が悪化し，社会生活を円滑に営む上での**困難を有する子ども・若者**◪の問題が深刻な状況にあることを踏まえ，子ども・若者の健やかな育成，子ども・若者が社会生活を円滑に営むことができるようにするための支援その他の取組について，その基本理念，国及び地方公共団体の責務並びに施策の基本となる事項を定めるとともに，**子ども・若者育成支援推進本部**を設置すること等により，…総合的な子ども・若者育成支援のための施策を推進することを目的とする。（第1条）

○地方公共団体は，**子ども・若者支援地域協議会**を置くよう努めるものとする。（第19条第1項）

□**子供・若者育成支援推進大綱**……具体的な施策を盛った大綱である。5つの方針が掲げられている◪。

①**全ての子供・若者の健やかな育成**⇒全ての子供・若者が，かけがえのない幼年・若年期を健やかに過ごすことができ，かつ人生100年時代，絶え間ない変化の時代を幸せ（Well-being）に，自立して生き抜く基礎を形成できるよう，育成する。

②**困難を有する子供・若者やその家族の支援**⇒困難を

◨1989年の国連総会で採択され，日本は1994年に批准している。

◪本法の支援対象として，ヤングケアラーも（p.124〜125）加えられることになった。

◪2021年9月に策定された最新の大綱による。

有する子供・若者が，速やかに困難な状態から脱し，あるいは困難な状況を軽減・コントロールしつつ成長・活躍していけるよう，家族を含め，誰ひとり取り残さず，かつ非常時においても途切れることなく支援する4。

3 **創造的な未来を切り拓く子供・若者の応援**⇒子供・若者が，一人一人異なる長所を伸ばし，特技を磨き，才能を開花させ，世界や日本，地域社会の未来を切り拓いていけるよう，応援する。

4 **子供・若者の成長のための社会環境の整備**⇒家庭，学校，地域等が，子供・若者の成長の場として，安心・安全な居場所として，Well-beingの観点からより良い環境となるよう，社会全体，地域全体で子供・若者を育てる機運を高め，ネットワークを整え，活動を促進する。

5 **子供・若者の成長を支える担い手の養成・支援**⇒教育・心理・福祉等の専門人材から，地域の身近な大人，ひいては当事者たる子供・若者自身に至るまで，多様な担い手を養成・確保する。

論点はどこ？

当の子供・若者自身にSOSを出させる，SOS（相談）を待つだけでなく支援者の側から積極的に寄り添う，という視点が打ち出されている。後者は「**アウトリーチ**」と呼ばれる。日本の子供・若者は，困難な状況に置かれていても相談をしないし5，その自覚すら乏しい。社会の側からの働きかけが必要な所以だ。

4 子供や若者の自殺が増えている中，SOSの出し方を学ぶとともに，心の危機に陥った友人からのSOSの受け止め方についても学ぶことができるような取組を進めるとある。

5 日本の20代は，悩みを誰にも相談しないという者の率が高い（下図）。

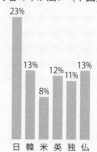

*内閣府『我が国と諸外国の若者の意識調査』（2018年）

予想問題

以下の文章は，子供・若者の成長のための社会環境の整備について述べたものである。空欄に適語を入れよ。

　家庭，学校，（　①　）等が，子供・若者の成長の場として，安心・安全な居場所として，（　②　）の観点からより良い環境となるよう，社会全体，地域全体で子供・若者を育てる機運を高め，（　③　）を整え，活動を促進する。

正答は168ページ

若年者雇用対策

ここに注目

このほど法律が制定され，若者の適職選択や職業能力の向上に向けた支援が強化されることとなった。その具体的な中身はどのようなものか。進路指導に当たる教員として，必須の知識である。

時事の基礎知識

青少年の雇用の促進等に関する法律（**若者雇用促進法**）が制定された。

□**法律の主な内容**……ポイントは以下の3点➡。

1 職場情報の積極的な提供

新卒段階でのミスマッチによる早期離職を解消し，若者が充実した職業人生を歩んでいくため，労働条件を的確に伝えることに加えて，若者雇用促進法において，平均勤続年数や研修の有無及び内容といった就労実態等の**職場情報**➡も併せて提供する仕組みを創設。

2 ハローワークにおける求人不受理

ハローワークにおいて，一定の労働関係法令違反があった事業所を新卒者などに紹介することのないよう，こうした事業所の新卒求人を一定期間受け付けない仕組みを創設。

3 ユースエール認定制度

若者雇用促進法において，若者の採用・育成に積極的で，若者の雇用管理の状況などが優良な中小企業について，厚生労働大臣が「ユースエール認定企業」として認定する制度を創設。

□**職業能力の開発・向上及び自立の支援**……ジョブ・カード，サポステといった制度を知ろう。

○**ジョブ・カード**⇒生涯を通じたキャリア・プランニング」及び「職業能力証明」の機能を担うツール。（厚生労働省）

○**地域若者サポートステーション**➡⇒働くことに悩みを抱えている15歳〜49歳までの人に対し，キャリ

1 厚生労働省「若者雇用促進法の概要」による。

2 新卒者の募集を行う企業は，幅広い情報提供を努力義務化された。応募者から求めがあった場合，ア）募集・採用に関する状況，イ）職業能力の開発・向上に関する状況，ウ）企業における雇用管理に関する状況，の3つについて，1つ以上の情報を提供する。

3 通称は「サポステ」である。

アコンサルタントなどによる専門的な相談，コミュニケーション訓練などによるステップアップ，協力企業への就労体験などにより，就労に向けた支援を行う機関。(同上)

□**大学生等の就職内定率**……2023年12月時点の就職内定率である。厚生労働省資料による。

○大学は86.0％，短期大学は66.7％。

○高等専門学校は97.8％，専修学校（専門課程）は73.2％。

○大学生の男子は85.0％，女子は87.2％。

○大学の文系は86.2％，理系は85.4％。

論点はどこ？

学校を出て，就職して，結婚して，子供を産んで…。こういうライフコースが，現在ではなかなか成り立たなくなっている。とくに学校から職業への移行（就職）が，一筋縄ではいかなくなっている。

このほど法律が制定され，若者の適職選択や職業能力の向上に向けた支援が，大幅に強化されることとなった。これと併行して，高校卒業段階での就職を促すような取組がされてもよいと思う。**18歳**といえば，「オトナ」である。高校教育の職業的レリバンス❹を強化し，このステージでの就職がもっと一般化すれば，若者にとっても「生きやすく」なる。大学進学が社会的に強制される状況は，健全ではない。

❹レリバンスとは，「関連性」を意味する。高校生の74％は普通科の生徒だが，専門学科をもっと増すべきという声もある。

高校生の在籍学科（%）

5%
21%
74%

■普通 □専門 ■総合

＊文科省『学校基本調査』（2023年度）

予想問題

近年の若年者雇用政策に関する以下の文章のうち，誤っているものはどれか。記号で答えよ。

ア 若者雇用促進法の規定により，新卒者の募集を行う企業は，幅広い情報提供を努力義務化された。

イ 若者雇用促進法の規定により，若者の雇用管理の状況が優良な中小企業について，厚生労働大臣による新たな認定制度が設けられた。

ウ 2023年12月時点の就職内定率を高等教育機関の種別にみると，最も高いのは大学である。

正答は168ページ

教育データの利活用

 学校にコンピュータが常備され，日々の学びや指導・支援の有り様を記録・蓄積できるようになった。利活用すべきデータは3つに分かれ，利活用に当たっては個人情報の保護に留意が要る。

時事の基礎知識

　GIGAスクール構想（1人1台端末）が実現され，子どもたちの学びをデータとして蓄積できるようになった。学校での指導・支援に活かさない手はない。

□**教育データの利活用の目的**……次のように言われている🔜。

○教育データを利活用する目的は，データをもとに，一人一人の児童生徒の状況を**多面的**に確認し，学習指導・生徒指導・学級経営・学校運営など教育活動の各場面において，一人一人の力を最大限引き出すための**きめ細かい支援**を可能とすることである。

□**教育データの定義**……子どもの学習面・生活面，教員の指導面のデータを活用する。

　ア）**年齢・段階**

　　○初等中等教育段階の学校教育における児童生徒（学習者）の教育・学習に関するデータ（「公教育データ」）を基本とする。

　イ）**主体**

　　○児童生徒に関するデータ（学習面：学習履歴／**スタディ・ログ**，生活・健康面：**ライフ・ログ**）

　　○教師の指導・支援等に関するデータ（**アシスト・ログ**）

　　○学校・学校設置者に関するデータ（**運営・行政データ**）

　ウ）**対象**

　　○個々の子供の学びによる変容を記録し，活用していく観点から，**定量的データ**（テストの点数等）だけではなく，**定性的データ**（成果物，主体的に学習に

🔜 文部科学省「教育データの利活用に関する有識者会議 論点整理」（2023年3月）による。

●162

取り組む態度，教師の見取り等）も対象とする。

○定量的データ，定性的データの両面において，それぞれデータの内容，粒度，利活用の目的等によって議論すべき点を区分することが必要である。

□**個人情報の保護**…教育データの利活用に際して，まず留意しないといけないことだ。当局も以下のように，慎重な配慮を求めている■。

○公立学校の教育データについて，学校の組織編制，教育課程，学習指導，生徒指導及び職業指導といった法令に定める所掌事務や業務を遂行するために**必要な場合に限って保有**したうえで，個人情報保護法における**利用目的の特定及び明示，変更等の整理**を行う必要があります。

○個人情報の取扱いに当たっては個人情報保護法に準拠していれば十分というわけではなく，**プライバシーの保護**も求められます■。

論点はどこ？

現代は「エビデンス」の時代と言われる。データに依拠した政策立案が掲げられ，統計表やグラフが満載の資料が政府の会議で出されたりするが，「何のためのデータか？」と，疑問に思うこともしばしばだ。

データを分析し，見栄えのいいグラフを作ることが目的化してしまってはいけない。データの利活用の目的は「一人一人の力を最大限引き出すためのきめ細かい支援を可能とすること」だ。**受益者となるべきは学習者**であって，自分の研究業績を増やすことだけを考えているような研究者ではない。

■ 文部科学省「教育データの利活用に係る留意事項（第1版）」（2023年3月）による。

■ 個人情報保護法第3条は，個人情報がプライバシーを含む個人の人格と密接な関連を有するものであり，個人が「個人として尊重される」ことを定めた憲法第13条の下，慎重に取り扱われるべきことを示している。

予想問題

以下の文章は，教育データの利活用の目的について述べたものである。下線部が正しいものはいくつあるか。

教育データを利活用する目的は，データをもとに，一人一人の児童生徒の状況を<u>定量的</u>に確認し，学習指導・<u>生徒指導</u>・学級経営・学校運営など教育活動の各場面において，一人一人の力を最大限引き出すためのきめ細かい<u>授業</u>を可能とすることである。

正答は168ページ

Society 5.0に向けた人材育成

> **ここに注目**
> 未来社会を表すキーワードの一つは「Society 5.0」だ。このような社会を生き抜くため，どのような力が必要とされるか。それを具現させるための政策として，どのようなことが想定されているか。

 時事の基礎知識

　AIやロボットが台頭する「Society 5.0」が訪れる。こういう未来社会において，どのような人材を育てるべきか。最新の公的資料➡を読んでみよう。

□**共通して求められる力**……前代未聞の特殊能力が求められるのではない。

○ Society 5.0において我々が経験する変化は，これまでの延長線上にない劇的な変化であろうが，その中で人間らしく豊かに生きていくために必要な力は，これまで誰も見たことのない特殊な能力では決してない。

○ どのような時代の変化を迎えるとしても，**知識・技能，思考力・判断力・表現力**をベースとして，言葉や文化，時間や場所を超えながらも自己の主体性を軸にした学びに向かう一人一人の能力や人間性が問われることになる。

○ 共通して求められる力として，①文章や情報を正確に読み解き，対話する力，②科学的に思考・吟味し活用する力，③価値を見つけ生み出す感性と力，好奇心・探求力が必要であると整理した。

□**政策の方向性**……教育政策の方向性は，以下の3点にまとめられる。

① **「公正に個別最適化された学び」を実現する多様な学習機会と場の提供**➬すべての子供たちがすべての学校段階において，基盤的な学力の確実な定着と，他者と協働しつつ自ら考え抜く自立した学びを実現できるよう，「公正に個別最適化された学び」を実現する多様な学習機会と場の提供を図ることが必要

AI

　人工知能の略。人間と同じ知的営みができるコンピュータ・プログラムをさす。

1 文部科学省『Society 5.0に向けた人材育成』（2018年）による。Society 5.0の概念については，15ページを参照。

である。

②**基礎的読解力，数学的思考力などの基盤的な学力や情報活用能力をすべての児童生徒が習得**⇒学校や教師だけでなく，あらゆる教育資源やICT環境を駆使し，基礎的読解力，数学的思考力などの基盤的な学力や情報活用能力をすべての児童生徒が確実に習得できるようにする必要がある。

③**文理分断からの脱却**⇒高等学校や大学において文系・理系に分かれ，特定の教科や分野について十分に学習しない傾向にある実態を改め，文理両方を学ぶ人材を育成するよう，高等学校改革と大学改革，高等学校と大学をつなぐ高大接続改革を進める必要がある。

論点はどこ？

AIは人間の仕事を奪うハゲタカと言われたりするが，人間を労働から解放してくれる救世主でもある。近い将来，働かずして暮らせる時代が訪れるかもしれない。**ベーシックインカム**のような制度も考えられていい。

情報活用能力の教育に際してはパソコンが必須のはずだが，日本の生徒のパソコン所持率は低い**ᗒ**。スマホで情報を消費するばかりで，情報の創作の側に回ることがない。これからの時代，重要となるのは後者だ。ITを積極的な用途で使うよう，仕向ける必要がある。

ᗒ 以下のグラフは，13〜19歳のスマホ，パソコンの所持率である。日本の子供のパソコン所持率は，諸外国と比して格段に低い。

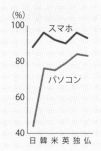

＊内閣府『我が国と諸外国の若者の意識調査』(2018年)

予想問題

以下の文章は，Society 5.0の時代で求められる力について述べたものである。空欄に適語を入れよ。

どのような時代の変化を迎えるとしても，知識・技能，思考力・判断力・表現力をベースとして，言葉や文化，時間や場所を超えながらも自己の（　①　）を軸にした学びに向かう一人一人の能力や人間性が問われることになる。

共通して求められる力として，①文章や（　②　）を正確に読み解き，対話する力，②科学的に思考・吟味し活用する力，③価値を見つけ生み出す感性と力，好奇心・（　③　）が必要であると整理した。

正答は168ページ

インターネット利用環境整備

ここに注目 青少年が安全に安心してインターネットを使えるようにするため，どのようなことに配慮すべきか。事業者等には，法律でどのような責務が定められているか。フィルタリングなどがキーワードだ。

時事の基礎知識

現状のデータと法律を知ろう。

□ **青少年のインターネットの利用状況**……2022年度の内閣府の調査結果をみてみよう➡。

○青少年の**98.5%**が，いずれかのインターネット接続機器でインターネットを利用。

○インターネットを利用する機器は，**スマートフォン**（73.4%），学校から配布されたパソコン・タブレット（63.6%），ゲーム機（63.2%）など。

○インターネットの利用内容で最も多いのは，動画視聴である。

□ **青少年が安全に安心してインターネットを利用できる環境の整備等に関する法律**……出題頻度が高い条文は以下である。

○この法律は，インターネットにおいて青少年有害情報が多く流通している状況にかんがみ，青少年のインターネットを適切に活用する能力の習得に必要な措置を講ずるとともに，青少年有害情報**フィルタリングソフトウェア**➡の性能の向上及び利用の普及その他の青少年がインターネットを利用して青少年有害情報を閲覧する機会をできるだけ少なくするための措置等を講ずることにより，青少年が**安全に安心**してインターネットを利用できるようにして，青少年の権利の擁護に資することを目的とする。（第1条）

○青少年が安全に安心してインターネットを利用できるようにするための施策は，青少年自らが，**主体的**に情報通信機器を使い，インターネットにおいて流通する情報を適切に取捨選択して利用するととも

➡1 内閣府『青少年のインターネット利用環境実態調査結果』（2022年度）の概要を参照。

➡2 フィルタリングの定義については，79ページを参照。

に，適切にインターネットによる**情報発信**を行う能力を習得することを旨として行われなければならない。（第3条第1項）

○青少年のインターネットの利用に関係する事業を行う者は，その事業の特性に応じ，青少年がインターネットを利用して**青少年有害情報**の閲覧をする機会をできるだけ少なくするための措置を講ずるとともに，青少年のインターネットを適切に活用する能力の習得に資するための措置を講ずるよう努めるものとする。（第5条）

○国及び地方公共団体は，青少年がインターネットを適切に活用する能力を習得することができるよう，**学校教育，社会教育及び家庭教育**におけるインターネットの適切な利用に関する教育の推進に必要な施策を講ずるものとする。（第9条第1項）

論点はどこ？

インターネットは便利なツールであるが，自我が未熟な青少年は，使い方を誤ることがしばしばだ。悪ふざけ投稿で問題を起こす，SNSを通じた犯罪被害に遭遇するなど**3**。そこで大人がしっかりと，使い方の指導をしないといけない。巣ごもり生活を経て，インターネットの利用時間が増えていることを思うとなおさらだ。

フィルタリングのような，情報の遮断措置も必要になる。現代は，あらゆる面でボーダレス化が進んでいるが，必要な境界は保持されねばならない。

3 裸画像を送った子供が脅迫被害に遭うなどの事件が多いが，刑法改正により，性的な画像を要求する行為そのものが罰せられるようになっている（152〜153ページ）。

予想問題

以下の文章は，青少年が安全に安心してインターネットを利用できる環境の整備等に関する法律の条文である。空欄に適語を入れよ。

青少年が安全に安心してインターネットを利用できるようにするための施策は，青少年自らが，（　①　）に情報通信機器を使い，インターネットにおいて流通する情報を適切に（　②　）して利用するとともに，適切にインターネットによる（　③　）を行う能力を習得することを旨として行われなければならない。

正答は168ページ

第7章　予想問題の正答

男女共同参画社会 ·· p.151
　①公正　　②調和　　③家庭

刑法改正 ··· p.153
　エ

性的マイノリティ ··· p.155
　①確信　　②意思　　③診断

成年年齢の引き下げ ·· p.157
　エ

子ども・若者育成支援 ·· p.159
　①地域　　②Well-being　　③ネットワーク

若年者雇用対策 ··· p.161
　ウ

教育データの利活用 ·· p.163
　1つ

Society 5.0に向けた人材育成 ··· p.165
　①主体性　　②情報　　③探求力

インターネット利用環境整備 ·· p.167
　①主体的　　②取捨選択　　③情報発信

索引

執筆者紹介

舞田　敏彦（まいた　としひこ）

教育社会学者。東京学芸大学大学院博士課程修了。博士（教育学）。専攻は教育社会学，社会病理学，社会統計学。数々のデータを用いて教育の現状を分析し，日本教育新聞，ニューズウィーク日本版サイト等での連載をはじめ，自身のブログ等でも問題提起を行っている。

著書：『47都道府県の子どもたち―あなたの県の子どもを診断する―』『47都道府県の青年たち―わが県の明日を担う青年のすがた―』『教育の使命と実態―データからみた教育社会学試論―』（以上，武蔵野大学出版会）『データで読む　教育の論点』（晶文社）

本文組版：㈱森の印刷屋　　　　カバーデザイン：斉藤よしのぶ

●本書の内容に関するお問合せについて

　本書の内容に誤りと思われるところがありましたら，お手数ですがまずは小社のブックスサイト（books.jitsumu.co.jp）中の本書ページ内にある正誤表・訂正表をご確認ください。正誤表・訂正表がない場合や，正誤表・訂正表に該当箇所が掲載されていない場合は，書名，発行年月日，お客様のお名前・連絡先，該当箇所のページ番号と具体的な誤りの内容・理由等をご記入のうえ，郵便，FAX，メールにてお問合せください。

　〒163-8671　東京都新宿区新宿1-1-12　実務教育出版　第二編集部問合せ窓口
　FAX：03-5369-2237　　E-mail：jitsumu_2hen@jitsumu.co.jp
【ご注意】※電話でのお問合せは，一切受け付けておりません。
　　　　　※内容の正誤以外のお問合せ（詳しい解説・受験指導のご要望等）には対応できません。

2025年度試験完全対応　**教員採用試験　速攻の教育時事**

2024年 3 月25日　初版第 1 刷発行　　　　　　　　　　　　　　〈検印省略〉

編　者――資格試験研究会
発行者――淺井　亨
発行所――株式会社実務教育出版
　　　　　〒163-8671　東京都新宿区新宿1-1-12
　　　　　☎編集03-3355-1812　販売03-3355-1951
　　　　　振替　00160-0-78270
印　刷――精興社
製　本――東京美術紙工